GEORG LOLOS

Du bist nicht, was du denkst

GOLDMANN

Buch

Wäre es nicht großartig, wenn wir für all unsere emotionalen Tiefs wie Sorgen, Verunsicherung und Wut ein wirksames Mittel zur Hand hätten, das hilft, diese Zustände rasch zu überwinden? Genau solch eine Lösung bietet Georg Lolos mit seinem genial einfachen Modell des Ego-Hauses an, das all unsere negativen Gefühlszustände nachvollziehbar und bearbeitbar werden lässt. Mit seinen Übungen zur Selbstliebe oder Vergebung sowie kleinen Wahrnehmungs- und Achtsamkeitstrainings gibt er uns alltagserprobte Exit-Strategien an die Hand, die garantiert funktionieren.

Autor

Georg Lolos, Jahrgang 1967, ist Bewusstseinstrainer und Achtsamkeitslehrer. Er leitet die »School for Being« in Köln, wo er Achtsamkeitslehrer*innen ausbildet. Nach beruflichen Stationen als Fernsehjournalist für politische Magazine und Wissenssendungen verbrachte er mehrere Jahre in der Gemeinschaft von Nonnen und Mönchen in Plum Village (Frankreich), dem berühmten Kloster von Thich Nhat Hanh. Sein Wissen zu Achtsamkeit und Gelassenheit gibt er in seiner täglichen Arbeit sowie in Workshops und Seminaren weiter.

www.georglolos.com

Georg Lolos

DU BIST NICHT, WAS DU DENKST

Wie wir aus der negativen Gedankenspirale aussteigen und den Kopf frei bekommen

GOLDMANN

Alle Ratschläge in diesem Buch wurden vom Autor und vom Verlag sorgfältig erwogen und geprüft. Eine Garantie kann dennoch nicht übernommen werden. Eine Haftung des Autors beziehungsweise des Verlags und seiner Beauftragten für Personen-, Sach- und Vermögensschäden ist daher ausgeschlossen.

Dieses Buch ist bereits 2019 unter demselben Titel bei Arkana erschienen.

MIX
Papier | Fördert gute Waldnutzung
FSC® C014496
www.fsc.org

Penguin Random House Verlagsgruppe FSC® N001967

4. Auflage
Vollständige Taschenbuchausgabe Februar 2022

in der Penguin Random House Verlagsgruppe GmbH,
Neumarkter Straße 28, 81673 München
produktsicherheit@penguinrandomhouse.de
(Vorstehende Angaben sind zugleich Pflichtinformationen nach GPSR.)

Umschlag: Uno Werbeagentur, München, nach einem Entwurf von ki 36 Editorial Design, München, Daniela Hofer
Umschlagmotiv: © Tatjana Zlatkovic/Stocksy United
EB · CB
Satz: Satzwerk Huber, Germering
Druck und Bindung: GGP Media GmbH, Pößneck
Printed in Germany
ISBN 978-3-442-22335-0

www.goldmann-verlag.de

Inhaltsverzeichnis

Einleitung 9

Aufmerksamkeit und Glaube 15

Die Räume des Ego 19

Zwei große Kräfte bestimmen über dein Leben 21

Raum eins: Der Kontroll-Raum 29

Wie du in den Kontroll-Raum hineingerätst 29

Wie du aus dem Kontroll-Raum herausfindest 41

Der Kontroll-Raum im Überblick 50

Raum zwei: Der Minderwert-Raum 53

Wie du in den Minderwert-Raum hineingerätst 54

Wie du aus dem Minderwert-Raum herausfindest 65

Der Minderwert-Raum im Überblick 74

Raum drei: Der Raum der Bedürftigkeit 77

Wie du in den Raum der Bedürftigkeit hineingerätst.... 78

Wie du aus dem Raum der Bedürftigkeit herausfindest . 85

Der Raum der Bedürftigkeit im Überblick 104

Raum vier: Der Hybris-Raum 107

Wie du in den Hybris-Raum hineingerätst............... 109

Wie du aus dem Hybris-Raum herausfindest 115

Der Hybris-Raum im Überblick.......................... 126

Raum fünf: Der Schuld-Raum........................... 129

Wie du in den Schuld-Raum hineingerätst............... 130

Wie du aus dem Schuld-Raum herausfindest 134

Der Schuld-Raum im Überblick 144

Raum sechs: Der Raum der Verleugnung............... 147

Wie du in den Raum der Verleugnung hineingerätst 147

Wie du aus dem Raum der Verleugnung herausfindest.. 156

Der Raum der Verleugnung im Überblick................ 160

Raum sieben: Der Widerstand-Raum................... 163

Wie du in den Widerstand-Raum hineingerätst......... 164

Wie du aus dem Widerstand-Raum herausfindest 168

Der Widerstand-Raum im Überblick 176

Raum acht: Der Raum der Gier 179

Wie du in den Raum der Gier hineingerätst 180

Wie du aus dem Raum der Gier herausfindest 185

Der Raum der Gier im Überblick 190

Raum neun: Der Raum der Verwirrung 193

Wie du in den Raum der Verwirrung hineingerätst 194

Wie du aus dem Raum der Verwirrung herausfindest ... 199

Der Raum der Verwirrung im Überblick 206

Raum zehn: Der Raum der Ohnmacht 209

Wie du in den Raum der Ohnmacht hineingerätst 210

Wie du aus dem Raum der Ohnmacht herausfindest 213

Der Raum der Ohnmacht im Überblick 218

Du bist nicht, was du denkst 221

»Wer bin ich?« 223

Dein wahres Selbst 228

Danksagung 235

Literaturhinweise 237

Anmerkungen 239

Einleitung

Weder zu Hause noch in der Schule hatte mir jemand beigebracht, mit schwierigen emotionalen Zuständen umzugehen. Der Umzug ins Kloster erschien mir deswegen der einzige Ausweg zu sein. Ich war Anfang 30, befand mich in einer depressiven Grundstimmung, und das buddhistische Zentrum des Zen-Meisters Thich Nhat Hanh war für mich die Hoffnung auf Heilung. Negative Emotionen hatten sich über Jahre in meinen Alltag hineingefressen. Ich war meinen Ängsten und dem Gedanken, minderwertig zu sein, hilflos ausgeliefert. Ich fühlte mich wie ein kleines Kind, das gefangen in einer endlosen, furchteinflößenden Geisterbahn saß. In meinem Kopf kreisten die immer gleichen Sorgen, und ich hatte keine Ahnung, wie ich diesen inneren Ort des Schreckens jemals würde verlassen können.

Seit über zweihundert Jahren wissen wir, wie wichtig die äußere Reinheit für unsere Gesundheit, unsere Lebensdauer und Lebensqualität ist. Deswegen duschen wir, putzen uns die Zähne, reinigen unsere Wohnungen und desinfizieren alles Mögliche. Doch was ist mit unserem inneren Zustand? Was ist mit dem, was den ganzen Tag über in unseren Köpfen und Herzen passiert? Schließlich sind Sorgen und Ängste, Ärger und Schuld, Hass und Gier in unterschiedlicher Intensität bei allen Menschen in jeder Gesellschaftsschicht und Kultur präsent. Dennoch verwenden die meisten von uns sehr wenig Zeit und Energie darauf, ihren inneren Raum klar und sauber zu halten.

Die Folgen für die Psyche, den Körper und die ganze Gesellschaft sind seit Langem bekannt: Bei Burn-out, Bluthochdruck, Magengeschwüren, Tinnitus, Süchten, Depressionen und vielem anderen ist unsere innere Verfassung – mindestens – mitverantwortlich. Für die mangelnde Selbstfürsorge zahlt sowohl der Einzelne als auch die gesamte Gesellschaft einen sehr hohen Preis.

Doch wir nehmen den Wahnsinn, der sich zeitweise in unseren Gedanken und Emotionen abspielt, wie gottgegeben hin. Es kommt uns überhaupt nicht in den Sinn, dass wir einen Einfluss darauf haben könnten, und wir überlassen es dem Zufall, ob wir diese inneren Stürme überwinden oder jahrelang immer neu unter ihnen leiden. Dabei ist es bemerkenswert, um was wir uns sonst so alles kümmern in unserem Alltag: Die Sauberkeit unserer Garderobe zum Beispiel scheint uns wichtiger zu sein als die Klarheit unseres Bewusstseins. Den Fleck auf dem T-Shirt behandeln wir normalerweise sofort. Schließlich können wir morgens nicht mit einem Kaffeefleck auf die Straße gehen. Auf gar keinen Fall! Aber mit Ängsten, Sorgen oder Wut? Kein Problem! Raus in die Welt!

Wir begreifen nicht, dass wir – theoretisch – ungeduscht und dennoch glücklich vor uns hin stinken können. Aber wir werden auf Dauer nicht glücklich sein, wenn wir unser Innerstes nicht klar und rein halten. Das trifft auf jeden Menschen zu: egal, ob es die Verkäuferin im Supermarkt ist, die Politikerin, der Familienvater, der Lehrer oder die CEO. Wenn wir unsere schwierigen inneren Zustände nicht erkennen und lernen, sie zu transformieren, leiden wir zuallererst selbst und lassen dann unsere Umwelt leiden.

Viele von uns kennen nur einen einzigen Weg und hoffen, darüber Linderung zu erfahren: Sie wollen »immer mehr« bekommen. Sie konsumieren »immer mehr«, wollen »immer mehr« Geld, Macht, Sex, »immer mehr« Liebe, Erfolg und Anerkennung, »immer mehr« Abenteuer und Erlebnisse. Da du aber dieses Buch liest, wirst du vermutlich bereits wissen, dass all diese Dinge keinen nachhaltigen positiven Einfluss auf deinen inneren Zustand haben. Es sind Beruhigungspillen, die dir scheinbar Erleichterung verschaffen, aber auch diese ist nur von sehr kurzer Dauer, bevor du schon wieder auf der Suche nach dem nächsten Kick bist.

Von deinem emotionalen Zustand hängt nicht nur dein individuelles Glück ab. Aggressionen und Gewalt, Diebstahl und Gier, Konflikte und Terror haben hier ebenfalls ihren Ursprung. Alle unsere Beziehungen, das Zusammenleben gesellschaftlicher Gruppierungen und die Interaktionen von ganzen Völkern und Nationen werden von den inneren Zuständen der Menschen bestimmt. Ob wir aus Furcht Mauern hochziehen und uns abschotten; aus Gier die Umwelt, die Tiere und andere Menschen ausbeuten; ob wir Beziehungen eingehen, die uns nicht guttun; Jobs annehmen, die wir nicht mögen; unsere Kinder misshandeln oder in den Krieg ziehen: All das tun wir, weil wir nicht in der Lage sind, mit dem tagtäglichen Wahnsinn unserer Gedanken und Emotionen umzugehen. Was in allen Religionen gesucht und gepredigt wird, nämlich Frieden, Liebe, Mitgefühl und Ausgeglichenheit – das findet kaum jemand auf diesem Planeten. Doch die, die es finden, wissen: Es ist möglich, und es liegt in unserem Inneren.

Es ist fast 20 Jahre her, dass ich in das Kloster Plum Village nach Frankreich gegangen bin, in dem ich dann drei Jahre gelebt habe. Bevor ich hier eintraf, fühlte ich mich andauernd überwältigt von Emotionen wie Einsamkeit oder der Angst, nicht liebenswert zu sein. Ich war schlichtweg nicht in der Lage, mit den abwertenden Stimmen in meinem Kopf umzugehen. Während meines Aufenthalts im Kloster lernte ich, durch achtsame Selbstfürsorge meine Gedanken und Emotionen zu beobachten und mich um sie zu kümmern. Ich lernte, Abstand zu den schmerzhaften Zuständen herzustellen, und war schließlich in der Lage, mit Liebe und Akzeptanz auf mich zu blicken, was mir vorher schier unmöglich erschien.

Als ich das Kloster verließ, wusste ich, dass ich dieses Wissen um die innere Selbstfürsorge nicht wieder verlieren konnte, und wollte es auch an andere weitergeben. Seitdem arbeite ich nicht nur fürsorglich mit meinen eigenen inneren Zuständen, sondern durfte hunderte Menschen dabei begleiten, das Gleiche zu tun. Im Laufe der Jahre stellte ich fest, dass wir alle unter dem gleichen Wahnsinn leiden. Ich hörte – Jahr für Jahr – von den unterschiedlichsten Leuten die gleichen Überzeugungen. Sie stimmten sehr oft sogar wortwörtlich überein. Darum habe ich begonnen, die emotionalen Zustände zu kategorisieren, unter denen wir leiden. Auf diesem Weg habe ich gemerkt, dass es gar nicht so viele unterschiedliche Zustände sind, wie ich zuerst angenommen hatte. In diesem Buch werde ich diese zehn Bewusstseinszustände vorstellen – mehr gibt es tatsächlich nicht.

Dankenswerterweise haben sich einige Menschen, mit denen ich gearbeitet habe, bereiterklärt, in diesem Buch (unter geänderten Namen) über ihre Erfahrungen zu sprechen. Ich habe mit etwa 40 Personen Interviews über die schwierigen emotionalen Zustände geführt, die sie besonders gut kennen. Dieses Material ist neben meiner jahrzehntelangen Erfahrung in dieses Buch eingeflossen.

Es werden hier keine psychiatrischen Fälle vorgestellt und keine Bewusstseinsveränderungen, wie sie beim Drogenkonsum erlebt werden. Stattdessen geht es um jene emotionalen Schmerzen, die universell sind, weil sie jeder Mensch kennt. Ich habe die Beispiele bewusst so gewählt, dass sie dir die vielen Facetten eines jeden Bewusstseinsraumes aufzeigen, sodass du dich gegebenenfalls darin wiedererkennen kannst. Die Zitate stammen von Menschen, die mit meiner Unterstützung schon eine Zeitlang an ihren Themen gearbeitet haben und deswegen recht reflektiert über ihre Zustände sprechen können. Das macht es dir, so hoffe ich, leichter, diese zehn Ego-Zustände auch bei dir selbst aufzuspüren.

Dieses Buch soll dir als praktische Anleitung dienen: Es bietet dir einerseits ein Diagnoseinstrument, um deine problematischen inneren Zustände zu erkennen, und gleichzeitig einen Wegweiser, um sie zu überwinden.

Du kannst es lesen und damit arbeiten, wenn dich eine praktische Anregung anspricht. Außerdem sind im Text einzelne Worte *hervorgehoben* – das ist eine Aufforderung zum Üben an dich: In dem Moment kannst du eine neue innere Ausrichtung annehmen. Steht dort zum Beispiel *entspannen, Hier und Jetzt* oder *Beobachtung*, dann nimm dir während des Lesens einen Augenblick Zeit, um zu *entspannen* oder ins *Hier und Jetzt* zu kommen oder um den inneren Zustand zu *beobachten*, in dem du dich gerade befindest.

Je spontaner, liebevoller und klarer du deine schmerzhaften Zustände beobachten kannst, umso leichter wird es dir fallen, sie zu durchschauen und Abstand zu ihnen zu gewinnen. Durch die innere Distanz verlieren sie ihre beängstigende Wirkung. Du erkennst dann, dass die Geisterbahn nur aus Pappfiguren mit Kostümen und Requisiten besteht. Es kann sein, dass du dich dennoch ab und zu erschreckst, aber du erlebst den Spuk nicht mehr als »die Realität«. Dadurch bekommst du eine größere innere Freiheit und mehr Frieden.

Mein Lehrer Thich Nhat Hanh sagt, dass nur dann Frieden in der Welt entstehen kann, wenn innerlich Frieden herrscht. Solange wir den Krieg in uns nicht beenden, kann sich auch da draußen kein Frieden einstellen. Die Arbeit fängt immer bei jedem Einzelnen von uns an. Dieser Planet kann auf Dauer kein gerechterer, friedlicherer Ort werden, wo wir respektvoll und mitfühlend mit uns selbst, unseren Mitmenschen, den Tieren, Pflanzen und der Erde selbst leben, wenn wir nicht beginnen, uns um unsere inneren Zustände zu kümmern. Egal ob Krieg oder Frieden, Ausbeutung oder Mitgefühl – mit dem, was in deinem Bewusstsein geschieht, beginnt alles und endet alles.

Aufmerksamkeit und Glaube

Wir brauchen mehr Verständnis über die menschliche Natur. Die einzige wirkliche Gefahr, die existiert, ist der Mensch selbst ... Wir wissen nichts über den Menschen – viel zu wenig. Sein Bewusstsein muss studiert werden, denn wir sind der Ursprung von allem Bösen.

Carl Gustav Jung in einem Interview 1959[1]

»Na, bist du wieder in deinem Zustand? Hast du wieder deine fünf Minuten?« Als Kind hörte ich diese Sätze immer mal wieder von meiner Mutter. Sie sagte sie, wenn ich wegen irgendeiner Kleinigkeit ärgerlich wurde und mich schmollend in mein Zimmer verkroch. Oder auch, wenn ich brüllend durch das Haus raste, weil ich mich in einen Superhelden verwandelt hatte: »Na, bist du schon wieder in deinem Zustand?«

Immer wenn sie mir diese Frage stellte, stoppte ich für einen kurzen Augenblick und versuchte nachzuvollziehen, was sie meinte – was sie da gerade in mir gesehen hatte. Heute würde ich sagen, dass ich für einen Moment aus »diesem Zustand« heraustrat und von außen auf mich schaute. Manchmal veränderte sich durch diesen Außenblick mein Verhalten, und ich wurde etwas ruhiger und entspannter. Aber in der Regel hielt diese beobachtende Pause nicht lange an, und kurze Zeit später rannte ich unvermindert weiter durchs Wohnzimmer – mit meinen Superkräften. Allerdings begriff ich, dass der »Zustand«, den meine Mutter in mir sah, eine spezielle Qualität besaß. Und weil ich immer nur hörte, wie wir Kinder auf unsere emotionalen »Zustände« angesprochen wurden, vermutete ich lange, dass Erwachsene keine »Zustände« und niemals »ihre fünf Minuten« hätten. Als ich älter wurde, musste ich jedoch sehr bald feststellen, dass dies keineswegs der Wahrheit entsprach.

Unsere emotionalen Zustände ereignen sich in unserem Bewusstsein. Für den Begriff »Bewusstsein« gibt es in den unterschiedlichen wissenschaftlichen Disziplinen keine einheitliche Definition. In der Philosophie, in den Neurowissenschaften, in der Psychologie und in den Religionswissenschaften wird er jeweils anders verwendet. Wenn in diesem Buch über Bewusstsein gesprochen wird, dann ist das intelligente Feld in dir gemeint, das alles wahrnimmt. Es ist die Essenz deiner Lebensenergie – dein »wahres Selbst«. Mit diesem Feld nimmst du wahr: Sinneseindrücke wie Geräusche und Bilder genauso wie Emotionen und Gedanken. Dein Bewusstsein empfängt alle Botschaften und wertet sie aus. Es erscheinen sekündlich so viele Informationen, dass du ständig Entscheidungen darüber triffst, welchen Reizen du Aufmerksamkeit schenkst und welchen nicht.

Wenn du zum Beispiel durch eine Stadt läufst, erreichen unzählige Sinneseindrücke dein Wahrnehmungsfeld. Die Aufmerksamkeit wird sich aber – zwangsläufig – nur auf einige davon richten können. Hörst du plötzlich ein Auto hupen, wird sie eher dort hingehen als zu dem Geräusch des Milchaufschäumers, das aus dem Café kommt.

Da, wo deine Aufmerksamkeit hingeht, entsteht deine Realität. Die Aufmerksamkeit bestimmt die Perspektive, die du im Hier und Jetzt einnimmst. Du kannst zu mir nach Hause kommen und auf die Blumen in der Vase schauen oder auf den Staub in den Ecken. Je nachdem wo du hinblickst – welche Perspektive du einnimmst –, wirst du eine andere Realität erleben und in mir einen anderen Menschen sehen. Aber in den meisten Fällen entscheidest nicht du, wo deine Aufmerksamkeit hingeht. Sie schweift in der Regel wahllos hin und her, folgt irgendwelchen Gedanken in Räume hinein und hakt sich dann dort in irgendeinem Zustand fest. Deine Aufmerksamkeit folgt meistens dem, was du bereits kennst, was du trainiert hast, wie du konditioniert wurdest. Hast du es zu einer Gewohnheit gemacht, dich zuerst auf das zu fokussieren, was nicht funktioniert, dann wird deine Aufmerksamkeit natürlich als Erstes dorthin gehen und nicht zu dem, was gut läuft. Du blickst auf den Dreck und nicht auf die Blumen.

Um die Sinneseindrücke zu bewerten, die deine Wahrnehmung erreichen, ist in der Regel ein Instrument zwischengeschaltet: der Verstand. Das ist der Ort in deinem Bewusstsein, wo alle gedanklichen Prozesse passieren. Er ist dafür zuständig, alles einzuordnen und zu kategorisieren. Der Verstand wird auf Gefahren hinweisen und Lösungen für Probleme anbieten. Du entscheidest dann, ob du den Vorschlägen folgst oder nicht. Der Verstand produziert rund um die Uhr neue Gedanken und schleudert sie in dein Bewusstsein. Wenn du beginnst, diesen Prozess achtsam zu beobachten, dann wirst du feststellen, dass der Verstand autonom arbeitet. Die allermeisten Gedanken tauchen einfach von selbst auf, du hast darauf keinen Einfluss. Natürlich gibt es

Gedanken, die du mit Absicht denkst, aber der große Teil deiner Denkvorgänge passiert ohne dein Zutun. Du kannst daher auch nicht wissen, was du in fünf Minuten denken wirst. Kein Mensch auf diesem Planeten weiß, was er in fünf Minuten denken wird! Du denkst nicht, sondern etwas denkt in dir.

Der Verstand ist ein hervorragendes Instrument. Unsere Zivilisation wäre ohne ihn nicht dort, wo sie heute ist. Er ist hervorragend, solange er gelenkt und geleitet wird. Aber bei den meisten von uns hat er jedes Maß verloren. Er ist vom Instrument zum Herrscher aufgestiegen und kommandiert uns den ganzen Tag herum. Das kann er deswegen, weil wir uns zu einhundert Prozent mit ihm identifizieren. Da ist kein Abstand mehr zwischen uns und unserem Verstand. Wir glauben: »Ich bin, was ich denke.« Innere Stille, also die zeitweise, bewusst wahrgenommene Freiheit von Gedanken, kennen nur die wenigsten. Wir vertrauen blind allen Vorschlägen, die der Verstand produziert, und wundern uns dann, wenn wir uns ängstlich, aggressiv oder verstört fühlen. Gehorsam springen wir jedem Gedanken hinterher, den er ausstößt: »Da muss ich noch hin. Ich darf die Rechnung nicht vergessen. Morgen kommen die Nachbarn zu Besuch. Kann der nicht anständig parken? Was kostet das noch mal? Hoffentlich werden die Schmerzen nicht schlimmer. Ich Idiot habe das Tanken vergessen! Was fällt dem bloß ein! Hoffentlich geht das gut! Jetzt regnet es schon wieder ...«

Es ist unglaublich anstrengend, diesem gedanklichen Strom zu folgen, der unser Bewusstsein durchdringt. Aber das eigentliche Problem ist, dass dieser Output verantwortlich dafür ist, dass wir in schmerzhaften emotionalen Zuständen landen.

Die Räume des Ego

Stell dir vor, die Weite deines Bewusstseins ist ein stilles, friedvolles Universum. In ihm steht jedoch ein großes Haus, in dem es gewaltig lärmt. In den Räumen dieses Hauses »wohnen« deine schwierigen emotionalen Zustände. Und meist hältst du dich ebenfalls in diesem Haus auf. Du bist ab und an auch in dem ruhigen Garten drumherum, in dem du positive Emotionen hast. Und nur ganz selten bist du außerhalb des Grundstücks in der stillen Weite des Bewusstseins. Die schwierigen Emotionen können ihre Zimmer nicht verlassen, aber du gehst sie besuchen. In jedem Raum herrscht eine ganz eigene Stimmung und Atmosphäre. Betrittst du ein Zimmer, verändert sich schlagartig deine Perspektive. Du atmest die Luft des jeweiligen Zustandes ein und beginnst fast unmittelbar innerlich so zu vibrieren, als ob du ein Lautsprecher wärst, der an eine Musikanlage angeschlossen wurde. Dein ganzes Wesen nimmt die Schwingungen des Raumes auf und gibt sie weiter. Deine Emotionen verändern sich sofort, denn du bist wie hypnotisiert von dem Zustand, der in diesem Raum vorherrscht.

Überschreitest du zum Beispiel die Schwelle zu dem Raum, in dem der »Minderwert« wohnt, bist du den Dämpfen und Schwingungen dieses Zustandes ausgeliefert. Deine Emotionen und deine Perspektive passen sich seiner Atmosphäre direkt an. Die Luft, die du einatmest, ist geschwängert mit Minderwert. Du wirst dich zwangsläufig minderwertig fühlen, ungeliebt und einsam. Solange du hier drinnen bleibst, bist du mit diesem emotionalen Zustand identifiziert.

Je nachdem, welchen Raum du betrittst – welche Atmosphäre du einatmest und in welche Schwingungen du gerätst –, verändert sich deine gesamte Stimmungslage und deine Perspektive aufs Leben.

Aus meiner Erfahrung gibt es insgesamt zehn solcher Räume in dem Haus. »Minderwert« ist einer davon. Doch egal, welches dieser zehn Zimmer du betrittst: Du wirst in ihnen leiden. Denn all diese Bewusstseinszustände fühlen sich mangelhaft und unausgeglichen an.

Wir können dieses Haus auch Ego nennen, und du wirst im Verlauf des Buches verstehen, warum. Frei, friedvoll und glücklich kannst du dich nur außerhalb des Ego-Hauses fühlen. Dann bist du entweder im Garten vorm Haus, in dem du angenehme Emotionen erlebst. Oder du verlässt den Einflussbereich des Ego-Hauses völlig und ruhst in der friedvollen Weite deines Bewusstseins. Dies ist dein natürlicher, ursprünglicher Zustand. Es ist der Zustand, den du als kleines Kind erlebt hast, als du noch nicht identifiziert warst mit Gedanken und deinem Ego. Beobachte ein Kleinkind, das einfach nur aus der Stille schaut, und du wirst eine Ahnung von dem bekommen, was ich meine. Dies ist der Zustand der Erleuchteten. Darum sagt Jesus: »Wenn ihr nicht umkehret und werdet wie die Kinder, werdet ihr nicht ins Himmelreich kommen«[2]. Später werde ich noch näher auf diesen natürlichen Zustand eingehen.

Vollkommen »draußen« ist der Großteil der Menschen nur sehr selten. Die meiste Zeit irren sie in den Zimmern umher oder stehen zumindest an der Schwelle zu einem der zehn Räume.

Du betrittst einen bestimmten Zustand dann, wenn sich deine Aufmerksamkeit gezielt an bestimmte Gedanken heftet. Irgendwelche Gedanken sind immer vorhanden, dein Verstand produziert kontinuierlich neue. Daher ist deine Aufmerksamkeit dauernd in Bewegung und springt mal zu dem und mal zu jenem Gedanken. Sie ist dein Kundschafter, durch den du weißt, was in deinem Bewusstsein vor sich geht. Da es aber so viele Gedanken sind, lässt die Aufmerksamkeit den Großteil einfach weiterziehen, ohne ihn zu beachten. Doch manche Gedanken wecken das Interesse deines Kundschafters: Auf sie richtet sich dann deine Aufmerksamkeit.

Nehmen wir an, es schwebt ein Gedanke vorbei, der die Info trägt: »Ich bin nicht gut genug!« Fühlt sich deine Aufmerksamkeit von diesem Gedanken aus irgendeinem Grund angezogen, dann folgt sie ihm. Sie folgt ihm in das Ego-Haus hinein und dort direkt in den Minderwert-Raum. Sobald sich die Tür hinter ihr schließt, beginnt die Vernebelung deiner Wahrnehmung. Du atmest die Dämpfe des Minderwerts ein, und dein Bewusstsein gerät in diese niedrige Schwingung. Innerhalb kürzester Zeit fühlst du dich nicht liebenswert, traurig und allein. Derart hypnotisiert glaubst du alles, was dir deine Gedanken hier erzählen. Du bist eins mit dem Raum des Minderwerts. Wie aber kommst du wieder heraus?

Zwei große Kräfte bestimmen über dein Leben

Ramana Maharashi war einer der großen erleuchteten Meister des 20. Jahrhunderts. Als er von einem Schüler gefragt wurde, ob er seine Lehre in einem Wort zusammenfassen könne, antwortete der Meister: »Aufmerksamkeit«.

Die allerwenigsten Menschen sind in der Lage, ihre Aufmerksamkeit zu steuern oder auch nur zu bemerken, worauf sie sich fortlaufend richtet. Sie flattert durch das Bewusstsein einem Gedanken nach dem anderen hinterher und zieht uns dabei immer wieder in irgendwelche unangenehmen Zustände hinein.

Der technische Fortschritt, den die Welt in den letzten Jahrhunderten durchlaufen hat, mag enorm sein, aber auf der Ebene des Bewusstseins sind wir nicht sehr weit vorangekommen. Die meisten Menschen wissen immer noch nicht – genau wie vor 2000 Jahren –, wie sie ihre Aufmerksamkeit lenken können und mit den inneren Zuständen umgehen sollen. Sind wir mit einem bestimmten Bewusstseinsraum identifiziert, sind wir – wie unsere Vorfahren – von der Realität dieses Zustandes überzeugt und verhalten uns dementsprechend. Vom depressiven Rückzug bis zum Krieg ist dann alles möglich. Wir wissen nicht, dass wir uns nur in einem bestimmten Raum unseres Ego-Hauses befinden. Wir halten diesen Raum für die Welt.

Deshalb sagt Mooji – ein anderer spiritueller Lehrer –, dass unsere Aufmerksamkeit und unser Glaube die größten Kräfte sind, die wir haben. Denn wenn deine Aufmerksamkeit einem problematischen Gedanken folgt und du diesen Gedanken glaubst, landest du zwangsläufig in einem der zehn Ego-Zustände. Wie du im Verlauf des Buches sehen wirst, erzeugen diese Räume extrem viel Leiden in dir und bei anderen. Tatsächlich sind diese inneren Zustände verantwortlich für alles Leiden auf diesem Planeten.

Gedanken kommen und gehen einfach.
Die Frage ist, ob du ihnen folgst und sie glaubst – oder nicht.

Wenn ein Gedanke in deinem Bewusstsein auftaucht, hängt von den beiden genannten Kräften ab, ob du in einem der zehn Räume landest oder ob du draußen bleibst beziehungsweise wieder herausfindest.

Erste Kraft: Aufmerksamkeit

Nehmen wir an, du machst dir ständig Sorgen über alles Mögliche. Das bedeutet, dass dein Verstand einen Gedanken produziert, der – im Kern – ungefähr so lautet: »Etwas Schlimmes könnte passieren!« Dieser Gedanke flattert aufgeregt durch dein Bewusstsein und schlägt kontinuierlich Alarm. Gedanken sind wie die Stimmen der Sirenen. Diese mythischen Kreaturen lockten mit ihrem Gesang Seefahrer an, bis die Schiffe an den Felsen ihrer Insel zerschellten und die Matrosen ertranken. Auch Gedanken versuchen dich mit ihrem Gesang anzuziehen. Zeigt deine Aufmerksamkeit Interesse für den Gedanken: »Etwas Schlimmes könnte passieren«, wirst du ihm in Richtung Ego-Haus folgen. Der Köder ist gelegt, und du segelst – noch unbekümmert – den Klippen entgegen.

Zweite Kraft: Glaube

Doch allein deine Aufmerksamkeit, die einem Gedanken folgt, reicht noch nicht, um das Haus zu betreten. Du musst den Gedanken glauben. Der Glaube ist deine zweite Kraft. Erst wenn du glaubst, beißt du endgültig in den Köder hinein. Tust du das, dann wirst du mit dem Gedanken »Etwas Schlimmes könnte passieren« direkt in den Kontroll-Raum weitergeleitet – in das Zimmer für diejenigen, die sich ständig Sorgen machen. Je stärker du von deinem Gedanken überzeugt bist, desto tiefer wirst du in den Raum hineingezogen. Du atmest die Atmosphäre dort ein und gleichst dich immer mehr dem Kontrollzustand an. Solange du hier drinnen bist, werden Angst und Sorgen sowie hoffnungsloser Kontrollzwang eine wesentliche Rolle spielen.

Es müssen also beide Kräfte – Aufmerksamkeit und Glaube – zusammenkommen, damit du in einem schmerzhaften emotionalen Zustand landest. Je mehr du einem Gedanken glaubst, desto stärker wirst du dich in der Atmosphäre des entsprechenden Raumes verfangen. Deine Emotionen und Körperempfindungen werden dabei immer intensiver. Egal ob du Angst, Aggression oder Bedürftigkeit fühlst: Die Emotion wird sich immer mehr Raum nehmen und noch mächtiger in dir werden.

Was daraus folgt, ist von großer Bedeutung: Je stärker du mit einem Gedanken identifiziert bist, das heißt je tiefer du dich in dem Raum befindest, umso extremer werden deine Emotionen und umso extremer werden auch deine Handlungen. Menschen, die sich selbst oder andere töten, müssen sich außergewöhnlich tief in einem solchen Raum aufhalten. Die Identifikation mit der dort vorherrschenden, engen Perspektive ist dann so stark, dass sie bereit sind, bis zum Äußersten zu gehen.

> Je tiefer du dich in einem Raum befindest, umso extremer werden deine Emotionen und auch deine Handlungen.

Ein Gedanke wird stärker und bekommt mehr Macht, je mehr du ihn mit deiner Aufmerksamkeit und mit deinem Glauben fütterst. Er kann nicht überleben, wenn du ihm diese Nahrung entziehst und die Kräfte auf etwas Sinnvolleres richtest. Jeder Gedanke lebt von der Energie, die du ihm schenkst. Du nährst ihn damit wie eine Pflanze. Hörst du auf, ihm deine beiden Kräfte zukommen zu lassen, wird er zwangsläufig vertrocknen und wieder verschwinden.

Vielleicht glaubst du, dass es dir erst dann gelingt, deine Aufmerksamkeit von einem Gedanken abzuziehen, wenn sich deine äußere Situation verändert. Aber ob es dir gelingt, deine Aufmerksamkeit von einem Gedanken wegzunehmen, hängt nicht von den äußeren Umständen ab. Personen können zur gleichen Zeit am selben Ort sein und dennoch die Situation vollkommen unterschiedlich erleben, weil sie ganz unterschiedlich mit den Gedanken dazu umgehen.

Nehmen wir an, zwei Menschen sitzen in demselben Flugzeug: Passagier A und Passagier B. Irgendwann treten Turbulenzen auf, und Passagier A schießt der Gedanke durch den Kopf, dass die Maschine abstürzen könnte. Natürlich denkt A diesen Gedanken nicht absichtlich. Er passiert einfach. Nun bewegt sich die Aufmerksamkeit von A zu dem Gedanken, und sein Bewusstsein wertet ihn daraufhin aus. In dem Moment, wo das intelligente Feld das Absturzszenario glaubt, wird sich der Bewusstseinszustand von A verändern. Er ist dem Gedanken in den »Raum der Ohnmacht« gefolgt. Bei A entsteht nun zwangsläufig Panik, und er wird entsprechende körperliche Reaktionen zeigen: Der Puls beschleunigt sich, Schweißausbruch, Muskeln verkrampfen und so weiter. Je stärker sein Glaube an den Gedanken, je mehr er ihn füttert, desto größer wird die Angst. Er ist bald vollkommen identifiziert mit dem Zustand.

Bei Passagier B taucht während der Turbulenzen derselbe Gedanke auf. Auch seine Aufmerksamkeit nimmt den Gedanken wahr und wertet ihn aus. Aber im Gegensatz zu A glaubt Passagier B das Absturzszenario nicht und zieht die Aufmerksamkeit wieder von dem Gedanken ab. Man könnte auch sagen: Er lässt den Gedanken einfach wieder los und schenkt ihm keine weitere Beachtung. Er füttert ihn nicht mit Aufmerksamkeit und Glaube. Selbst wenn sich sein Bewusstsein ein wenig eintrübt und in Schwingung gerät, weil seine Aufmerksamkeit anfänglich zu dem Gedanken ging, bewegt er sich wieder zurück in einen natürlichen, freien Zustand. Passagier B hat an der Schwelle kehrtgemacht und das Ego-Haus wieder verlassen.

Wir haben hier also zwei Personen in derselben Situation, die dennoch zwei völlig verschiedene Realitäten erleben und deshalb auch unterschiedliche Reaktionen zeigen. Es ist nicht die äußere Situation, die einen inneren Zustand in dir auslöst, sondern das, was du darüber denkst.

Du kannst nie genau wissen, warum ein Gedanke auftaucht oder weswegen sich deine Aufmerksamkeit so brennend für ihn interessiert. In der Regel sind Konditionierungen, Erfahrungen und Lernprozesse dafür verantwortlich. Es ist aber auch möglich, dass du bestimmte Vorstellungen und Gedanken von deinen Vorfahren geerbt hast. Sie waren dann bereits mit denselben Zuständen von Minderwert, Kontrolle, Hybris oder Ohnmacht identifiziert und haben ihre Angewohnheiten an dich weitergegeben.

Der Aufenthalt in einem Raum wird zur Gewohnheit, wenn du ihn immer wieder betrittst und ständig seine Luft einatmest. Manche Menschen können sich über Wochen oder sogar Monate in demselben Ego-Raum aufhalten, zum Beispiel bei einer Depression. Kommst du immer wieder in denselben Zustand, dann wird daraus irgendwann ein Muster. Du hast dich fest eingerichtet in diesem Zimmer und erlebst dein ganzes Leben aus dieser Perspektive. Der Ego-Raum ist zu deinem Zuhause geworden und das Leid dein Alltag.

Die gute Nachricht ist nun: Du kannst lernen, deine Aufmerksamkeit zu lenken und dein Bewusstsein klar zu halten. Dann wirst du immer seltener in irgendeinem schmerzhaften Zustand landen und das Ego-Haus mit seinen zehn Räumen kaum noch aufsuchen müssen. Genau wie die äußere Hygiene erfordert auch die innere Klarheit und Selbstfürsorge gezielte Aktivitäten. Die einzuüben und zu einer gesunden Gewohnheit zu machen, lebt von der Wiederholung! Du hast als Kind sprechen und laufen gelernt, weil du es immer wieder geübt hast. Alles, was du tust, wird besser, je häufiger du es übst – ob bei einem Musikinstrument, einer Sportart, einer neuen Sprache oder deinem Beruf. Ab einem bestimmten Punkt wird zur Gewohnheit, was dir anfänglich so schwierig erschien.

Lass mich dir ein Beispiel aus meinem Leben erzählen: Ich wurde als Junge zu Hause nicht besonders in die Hausarbeit eingebunden. Ob dreckige Teller oder schmutzige Wäsche, ich ließ alles stehen und liegen, und meine Mutter räumte hinter mir her. Als ich mein Elternhaus verließ, wusste ich weder, wie man eine Toilette sauber macht, noch sonst sehr viel übers Putzen oder Kochen. So zog ich in meine erste Wohngemeinschaft mit zwei Frauen – und nach kürzester Zeit dachten meine beiden Mitbewohnerinnen, ich sei geistesgestört. Ich ließ nämlich auch hier alles herumstehen und fand es völlig normal, mich von ihnen bekochen und bedienen zu lassen. Ich war nicht mal in der Lage, die Unordnung zu sehen, die ich überall hinterließ. Ich hatte einfach keinen Sinn dafür. Ich benutzte die Dinge – und kümmerte mich nicht weiter darum. Das klappte aber nun nicht mehr, und ich durchlief in meiner WG ein ziemlich hartes Training. Es hat lange gedauert, bis ich anfing, Dreck und Unordnung wahrzunehmen, um dann – im nächsten Trainingsschritt – zu lernen, wie man sie beseitigt. Damals hatte ich starke Widerstände gegen meine Mitbewohnerinnen, die mich immer wieder auf meine Schlampereien hinwiesen. Aber heute bin ich ihnen sehr dankbar, denn ich genieße es, in einem sauberen Umfeld zu leben, und das kann ich nur, weil ich es trainiert habe, selbst für so ein Umfeld zu sorgen.

Die folgenden Kapitel möchten dir als Anleitung dienen, deinen inneren Raum von gedanklichem und emotionalem Schmutz rein zu halten und entstandenes Chaos immer wieder zu beseitigen. Doch dafür musst du erst einmal wissen, in welchem Ego-Raum deine Aufmerksamkeit sich häufig aufhält. Darum nimmt dich dieses Buch mit auf eine Reise durch das gesamte Ego-Haus mit seinen zehn Räumen. Du wirst jeden Raum bereits kennen. Denn die zehn Zustände, die ihnen entsprechen, sind keine Charaktereigenschaften oder Persönlichkeitsmerkmale, die einige Menschen betreffen und andere nicht. Jeder kann und wird jeden dieser Räume irgendwann betreten. Auch wenn du in manchen Räumen nicht sehr oft vorbeischaust, wirst du eine Vorstellung davon haben, wie sich die Atmosphäre und Schwingung dort anfühlt. Am Ende der Reise wirst du in der Lage sein, im Akutfall selbst zu erkennen, in welchem Raum du dich gerade befindest. Und du wirst wissen, wie du aus dem Zustand wieder herauskommst und in die Freiheit gelangst. Wahre Freiheit bedeutet, dass du frei von Angst, von Ärger und Bedürftigkeit bist. Du befindest dich dann außerhalb des Ego-Hauses und bist deinen Gedanken und Emotionen dadurch nicht länger hilflos ausgeliefert. Du wirst Meister deines Bewusstseins. In dieser Freiheit erlebst du innere Klarheit, Frieden und Freude.

Praktische Impulse

Nimm dir einen Moment Zeit, am besten gleich jetzt beim Lesen, aber auch immer mal zwischendrin in deinem Alltag. Nimm wahr, wohin deine Aufmerksamkeit wandert. Für welchen Gedanken interessierst du dich gerade besonders? Welche Emotionen und Körperempfindungen sind mit ihm verbunden? Sie sind dein Barometer, das dir einen ersten Hinweis darauf gibt, in welchem inneren Raum du dich befindest.

Raum eins
Der Kontroll-Raum

Ich bin angekommen, ich bin zu Hause.

Thich Nhat Hanh[3]

Dieser Raum hat eine zentrale Position im Ego-Haus, denn wir alle sind mehr oder weniger stark Kontrollfreaks. Er ist vergleichbar mit einer Lobby. Durch diesen Raum laufen fast alle Menschen tagtäglich, denn von hier aus gehen die meisten anderen Zustände ab. Die ganze Atmosphäre in diesem Raum ist gesättigt mit Sorgen. Befindest du dich im Kontroll-Raum, bist du automatisch angestrengt und gestresst. Vermutlich rennst du (innerlich und/ oder äußerlich) atemlos aufgeregt hin und her, denn du hast in diesem Zustand permanent etwas zu tun und zu bedenken.

Wie du in den Kontroll-Raum hineingerätst

Wenn du kontrollierst, bedeutet dies immer: Du versuchst aufzupassen, dass deine Ängste nicht wahr werden. Darum hörst du auch nie auf zu denken. Wegen deiner Sorgen hast du einen hohen Anspruch an dich und andere. Leistung ist gefragt. Versagen oder Schwäche wird nicht geduldet. Schließlich geht es in diesem Zustand vermeintlich immer ums Überleben. Du kämpfst und treibst an – dein Umfeld, aber vor allem dich selbst. Du reißt dich ständig zusammen und machst dich innerlich hart. Im Hintergrund läuft ein Song, in dem endlos der Refrain erklingt: »Ich muss ...!«

Befindest du dich in diesem Raum, achtest du darauf, dass nur ja alles funktioniert. Du fühlst dich permanent verantwortlich und befürchtest, irgendetwas zu vergessen. Alles muss gut oder besser noch: perfekt sein. Du bist davon überzeugt, dass ohne dich und deinen vollen Einsatz nichts funktionieren würde. Im Kontroll-Raum trinkst du daher auch gern koffeinhaltige Getränke. Schließlich musst du immer hellwach und auf der Hut sein. Am Abend wirst du dann eher Alkohol oder Schlaftabletten zu dir nehmen, um wieder runterzukommen und die nächtlichen Sorgenschleifen auszuschalten.

In der Regel ist dieser Raum klar strukturiert. Alles ist ordentlich abgeheftet und liegt penibel an seinem Platz. Weil du dich von nichts trennen kannst, stapeln sich die Dinge fein säuberlich in jedem Winkel des Zimmers. Generell ist in diesem Zustand Loslassen nicht deine Stärke.

Der Kontroll-Raum hat für viele – und vielleicht auch für dich – eine zentrale Bedeutung, weil er gern als eine Art »sicherer Hafen« benutzt wird. Anders als viele andere Räume betrittst du ihn nämlich mit voller Absicht. Denn wenn du aufhören würdest zu kontrollieren, könnte es sein, dass du in einen anderen Raum gezogen wirst, der sich noch viel schmerzhafter anfühlen würde. Wenn du nicht mehr kontrollieren würdest, könnte es sein, dass du dich schuldig fühlst, minderwertig oder auch hilflos und ausgeliefert. Im Vergleich zu diesen Zuständen erscheint dir der Kontroll-Raum immer noch als die wohnlichere Alternative.

Deine Kontrolle kann sich auf die verschiedenartigsten Dinge konzentrieren. Denn natürlich haben unterschiedliche Kontrollfreaks unterschiedliche Vorstellungen, was alles Schlimmes passieren könnte. Hier ist eine Liste der Klassiker:

- Angst vor finanziellem Ruin. Dies ist eine sehr häufige Sorge, gern mit der Vorstellung, nicht nur lieb gewonnenen Gewohnheiten und den einen oder anderen Luxus aufgeben zu müssen, sondern am Ende »unter der Brücke« zu landen.
- Angst vor Kontrollverlust. Hier beziehen sich die Sorgen auf Unfälle, Krankheiten, Todesfälle, Brände, Überfälle, Kriege und Wirtschaftskrisen.
- Angst vor Einsamkeit.
- Angst davor, nicht geliebt zu werden.
- Angst vor Schuld.

Um dich im Kontroll-Raum zu halten, wird dein Verstand dich drei sehr laute Stimmen vernehmen lassen: die des inneren Antreibers, des inneren Perfektionisten und des inneren Kritikers. Die Antreiberenergie pusht dich bis an deine Grenzen: »Reiß dich zusammen! Schneller! Du musst!« Der Perfektionist hinterfragt alles: »Hast du es richtig gemacht? Hast du auch nichts vergessen? Ist es gut genug?« Und der innere Kritiker haut drauf, sobald du vom selbst gesetzten hohen Anspruch abweichst: »Das hat nicht gereicht! Schon wieder nicht aufgepasst! Das hätte nicht passieren dürfen!«

Wenn du dich länger in diesem Zustand befindest, bist du prädestiniert für alle Erkrankungen, die mit chronischem Stress in Verbindung gebracht werden: Burn-out, Herz-Kreislauf-

Erkrankungen, Angststörungen, Magen-Darm-Probleme, Migräne und Schlafstörungen. In diesem Raum bist du nur sehr schwer davon zu überzeugen, dass es Alternativen zur Kontrolle gibt – solange bis du tatsächlich krank wirst oder irgendwann zusammenbrichst. In psychosomatischen Kliniken sind unzählige Menschen, die es so weit getrieben haben, dass Körper und Psyche sie zu einer Auszeit zwangen. Spätestens dann merkten sie, dass sie das Leben nicht kontrollieren können. Die Umstände zwingen sie dazu, loszulassen und sich hinzugeben.

Hat dich der Kontroll-Raum in seinen Fängen, blickst du pessimistisch auf die Welt und malst dir alles in düsteren Farben aus. Schließlich gibt es so viele Dinge, die schiefgehen könnten. Und weil du über all diese Dinge sehr lange nachdenken musst, fühlst du dich oft erschöpft und überlastet von den zahllosen Sorgen. Irgendwann stellt sich dann auch noch Frustration ein, weil es ja nie aufhört. Die nächste Sorge, das nächste Problem steht immer schon an der Schwelle.

Mona zum Beispiel ist berufstätig und Mutter von zwei Kindern. Ihre Beschreibung dieses Zustandes steht stellvertretend für den typischen Kontrolleur:

> Ich habe immer ganz viele Bälle in der Luft. Es ist egal, ob beruflich oder privat. »Was ist heute bei der Arbeit wichtig?« »Was muss ich morgen besorgen, damit das Essen für die Gäste wirklich gut wird?« Ich bin immer gestresst und angespannt. Ich merke es ganz stark im Oberkörper. Ich ziehe meine Schultern hoch, kann nicht gut atmen, und wenn es sehr schlimm wird, bekomme ich Migräne.
>
> Ich versuche, die ganze Zeit präsent und aufmerksam zu sein und alles im Blick zu behalten. Gedanklich bin ich mit allem Möglichen, was in der Zukunft liegt, beschäftigt. Da ist Angst und Sorge, dass ich einen Fehler machen könnte. Ich versuche oft mehr, als menschenmöglich ist, hinzu-

bekommen und bin immer für alles ansprechbar. Aber ich muss die Dinge ja managen. Ich habe schließlich eine Verantwortung! Ich muss einfach alles einhalten, was ich irgendwann mal zugesagt oder mir vorgenommen habe, und bin sauer auf mich, wenn ich nur 14 Sachen geschafft habe, obwohl ich mir 16 auf die Liste gesetzt hatte.

Eine Aussage von Mona ist auffällig – und typisch: »Gedanklich bin ich mit allem Möglichen, was in der Zukunft liegt, beschäftigt.« Sobald du dich im Kontroll-Raum befindest, ist deine Aufmerksamkeit in einer imaginären Zukunft. Du denkst darüber nach, was alles passieren könnte, und es sind diese Vorstellungen, die dir Angst machen. Darum sagt die spirituelle Lehrerin und Autorin Byron Katie:

»Angst ist immer eine Projektion in die Zukunft.«

Angst ist immer eine Vorstellung! Es ist das, was du denkst, was schlimmstenfalls passieren könnte. Deine Gedanken driften ab in eine Illusion, du siehst schreckliche Dinge, und es sind diese Szenarien, die dich dann ängstigen. Durch das Projizieren in die Zukunft verlässt du zwangsläufig das Hier und Jetzt und damit die Realität. Denn nur das *Hier und Jetzt* ist real. Alles andere ist ein Film in deinem Kopf – pure Einbildung. (Achtung! Hier stand etwas in *herausgehobener* Schrift. Nutze den Moment, um ins Hier und Jetzt zu kommen und ein wenig innezuhalten.)

Weil deine Kontrollvorstellungen sehr häufig mit möglichen Katastrophen zu tun haben, versuchst du diese schon mal abzuschätzen, indem du – präventiv – alle Eventualitäten gedanklich durchspielst. Diese Analyse ist deine Hauptbeschäftigung im Kontroll-Raum. Unsere Fähigkeit als Mensch, weit in die Zukunft zu projizieren, hat uns einen enormen evolutionären Vorteil verschafft. Aber der Vorteil, sich alles Mögliche vorstellen zu können, bringt auch eine Kehrseite mit sich: nicht enden wollende Sorgenschleifen.

Durch die Hirnforschung wissen wir, was passiert, wenn unsere Aufmerksamkeit sich auf Sorgen und Ängste ausrichtet. Unser Gehirn unterscheidet nämlich nicht zwischen dem, was tatsächlich geschieht, und dem, was wir uns nur vorstellen. Ob bei einer realen Gefahr oder nur der Vorstellung davon: Die Nebenniere beginnt umgehend, Botenstoffe auszuschütten, die unser gesamtes System alarmieren und hochfahren. Der Puls beschleunigt, der Blutdruck steigt, der Atem geht schneller. Der Körper stellt sich darauf ein, zu kämpfen oder zu fliehen. Die Wissenschaft nennt dies die »Kampf-oder-Flucht-Reaktion« (fight-or-flight-response). Wenn wir weder fliehen noch kämpfen können, tritt Erstarrung (freeze) ein. Es ist wie bei einem Mann, der glaubt, eine Schlange zu sehen, die jedoch ein Seil ist. Seine Vorstellung reicht aus, dass er in Panik gerät und sein gesamter Körper auf die vermeintliche Gefahr reagiert.

Befindest du dich in dem Modus von Kampf oder Flucht, geht es für deinen Körper um nichts weniger als ums Überleben. Ist die Gefahr – ob real oder eingebildet – vorbei, hören Organe und das Gehirn auf, die entsprechenden Botenstoffe auszuschütten. Allerdings braucht der Körper nun einige Stunden, um diese wieder komplett abzubauen. Wenn du in der Zwischenzeit neue Sorgen und Ängste produzierst, wird dein Köper bald nicht mehr hinterherkommen. Das bedeutet dann, dass in deinem Blut kontinuierlich Stoffe schwimmen, die Alarm schlagen. Du kannst dir vielleicht ausmalen, wie du mit einem solchen inneren Cocktail durch die Welt läufst. Willkommen im Kontroll-Raum!

Als Tom das erste Mal zu mir kommt, ist er getrieben von der Sorge, ob er auch alles richtig macht. Der 21 Jahre alte Student hat einen enormen Anspruch an sich. Dieser Anspruch kann sich bei allem zeigen: im Studium und im Nebenjob, aber auch bezogen auf sein Verhalten gegenüber seiner Freundin, der Familie oder den Freunden. Er rutscht immer wieder in depressive Verstimmungen, wenn er den Eindruck hat, dass er nicht genug tut:

> Ich denke ständig, dass ich irgendetwas leisten muss: »Ich muss es möglichst gut machen, ich muss arbeiten gehen, ich muss mein Zimmer aufräumen ...« Ich habe 1000 To-do-Listen im Kopf. Ich bin extrem gestresst und komme nicht hinterher. Das löst dann Angst vor der Zukunft aus. Ständig treibt mich die Sorge um, dass ich etwas nicht hinkriege, und das versuche ich dann mit aller Macht doch zu schaffen. Meine größte Angst ist, dass ich meinen eigenen Ansprüchen nicht genüge. Ich will möglichst immer funktionieren und dass es auch im Außen so wirkt: Ich will pünktlich sein, 1a-Arbeiten abgeben, meine Freundschaften pflegen, meine Wohnung sauber halten und so weiter. Denn wenn ich dem nicht genüge, fühle ich mich zu nix nutze.

Im letzten Satz sagt uns Tom, wo seine eigentliche Angst liegt: »Wenn ich dem nicht genüge, fühle ich mich zu nix nutze.« Er will vermeiden, in den Minderwert-Raum zu kommen. Obwohl er im Kontroll-Raum leidet, fühlt sich dieser Zustand für ihn immer noch besser an als das Gefühl, nicht gut genug zu sein:

> Mein Leben erscheint mir sehr anstrengend, und ich fühle mich schnell überfordert. Daher komme ich nie zur Ruhe und schalte nie wirklich ab. Aber wenn ich etwas leiste, dann fühle ich mich wenigstens »richtig«, nicht so ungenügend.

Kürzlich erschien eine Studie, die eine Krankenkasse in Auftrag gegeben hatte. Danach nahmen Angstzustände und Depressionen, besonders bei Studierenden, in den letzten zehn Jahren enorm zu. Galt die Gruppe von Schülern und Studenten bisher als wenig anfällig für psychische Erkrankungen, stellte man nun fest, dass Leistungsdruck, Angst vor der Zukunft und die damit verbundenen psychischen und physischen Erkrankungen um fast 40 Prozent angestiegen sind. Stress entsteht immer durch Sorgen und Ängste vor der Zukunft. Und wenn wir Angst vor der Zukunft haben, versuchen wir das *Hier und Jetzt* zu kontrollieren. (Nimm am besten gleich einen tiefen Atemzug und komm ins Hier und Jetzt.)

Im Kontroll-Raum sind wir besonders anfällig für die Vorschläge des Verstandes. Denn es gibt ja immer etwas, worüber man noch mal nachdenken könnte. Darum sind auch Schlafstörungen häufig vorprogrammiert: Die nächtlichen Sorgenschleifen, die nicht aufhören und immer um dasselbe Thema kreisen, lassen uns nicht zur Ruhe kommen. Wir glauben, dass wir durch Denken und Grübeln eine Lösung herbeiführen könnten, und begreifen nicht, dass gerade Denken und Grübeln unser größtes Problem sind.

Wenn dein inneres System auf Alarm geschaltet ist, dann reicht es dir oft nicht aus, nur dich selbst zu kontrollieren und anzutreiben. Du wirst über kurz oder lang auch dein Umfeld ins Visier nehmen. Weil du dich oft so überlastet fühlst, kann es sein, dass du dir ab und zu Luft verschaffst, indem du ausrastest und dein Umfeld unter einem Schwall von Zorn und Ärger begräbst. Viele Menschen haben mir erzählt, wie sie nicht nur ihre Partner, Kinder oder Kollegen zu kontrollieren versuchen, sondern sogar Ärzte, bei denen sie in Behandlung sind, oder am liebsten auch noch die Crew in ihrem Urlaubsflieger. Sie wollen immer und überall recht haben und alle Fäden in der Hand behalten, damit alles so läuft, wie sie es sich vorstellen.

Je tiefer du in einen Raum hineinrutschst, umso mehr wird dich die Atmosphäre vereinnahmen. Sitzt du besonders tief im Kontroll-Raum, werden sich deine Angstvorstellungen über die Zukunft noch viel realer anfühlen. Dementsprechend ist dann auch dein Verhalten. Du streitest und mischst dich in alles ein, was andere in deinem Umfeld tun.

Besonders Kinder können betroffen sein, wenn der Kontrollwahn starke Formen annimmt. Steigern sich Eltern immer mehr in Angstvorstellungen hinein, kann es sein, dass sie ihre Kinder nichts mehr allein machen lassen. Andrea zum Beispiel ist Mitte 50 und hat zwei Kinder im Teenageralter. Sie fürchtet sich davor, schuldig zu werden, wenn ihren Kindern oder ihr selbst etwas zustößt. Passiert irgendetwas, was sie im Vorfeld nicht bedacht hatte, macht sie sich schreckliche Vorwürfe.

> Ich würde mich selber als Perfektionistin bezeichnen. Ich versuche, alles richtig zu machen und kontrolliere ständig. Meine Sorge ist, dass irgendetwas Schlimmes passiert, dass ich ein Unheil anrichte oder etwas Gefährliches übersehe. Ich regle sehr viel für die Kinder und nehme ihnen möglichst viel Verantwortung ab. Klar, vielleicht sollten sie die besser selber tragen, aber dann habe ich so schreckliche Angst, dass etwas schiefgeht. Ich lasse zum Beispiel meine vierzehnjährige Tochter nicht mit der Straßenbahn fahren, sondern bringe sie lieber mit dem Auto überall hin. Das kostet mich zwar viel Zeit und taktet meinen Alltag extrem. Aber ich muss meine Kinder ja beschützen.

Das Gefühl, verantwortlich zu sein, schickt uns zuverlässig in den Kontroll-Raum. Dieses Training fängt für manche schon sehr früh an. Leon zum Beispiel hat damit begonnen, nachdem sein Vater verstorben ist – da war er elf Jahre alt:

> Ich musste früh Verantwortung übernehmen. Ich habe als Kind schon versucht, irgendwie hinzubekommen, dass alles glattläuft. Ich habe mich um Versicherungen gekümmert und das Auto angemeldet. Alles, was meine Mutter plötzlich allein regeln musste, habe ich mir auch zur Aufgabe gemacht. Also alles, was eigentlich Aufgabe von Erwachsenen gewesen wäre. Rückblickend habe ich das Gefühl, dass ich ein paar Jahre oder Phasen übersprungen habe. Ich saß da mit meinen Mitschülern in der Klasse, aber hatte gar nicht deren Themen. Ich wusste, wie man eine Waschmaschine bedient oder wie man eine Steuererklärung macht. Alles Dinge, von denen die anderen noch nie etwas gehört hatten. Ich bin sehr schnell erwachsen geworden. Ich habe diese Unbeschwertheit verpasst und nie in den Tag hineingelebt. Ich war nie ohne eine To-do-Liste. Ich wusste schon als Kind, wofür ich alles verantwortlich bin und was in den nächsten Wochen einfach laufen muss.

Leon ist heute Mitte 20 und Student. Er fühlt sich immer noch überlastet von den Anforderungen, die sein Verstand ihm aufbürdet:

> Auch heute noch fühle ich mich sehr schnell verantwortlich. Wenn irgendjemand ein Auto braucht oder etwas anderes sucht, werde ich nervös und denke, ich müsste helfen. Ich stürze mich ins Internet und versuche, das Passende zu finden. Meine Angst ist: Wenn ich nicht helfe, könnte die Person sich für etwas Falsches entscheiden und hätte danach ein Problem damit. Dann würde ich mir vorwerfen: Hätte ich nur geholfen! Schuld spielt eine Rolle dabei, aber auch der Wunsch, gemocht zu werden.

Bei Leon war es der frühe Tod des Vaters, der in ihm die Tendenz auslöste, sein Leben im Kontroll-Raum zu verbringen. Andere glauben aus Kindheitserfahrungen heraus, dass sie sich besonders gut vor Ärger schützen, wenn sie immer lieb und freundlich sind. Milenas Vater war ein gewalttätiger Patriarch, und alle in der Familie hatten Angst vor seinen cholerischen Ausbrüchen. Milena hat als Kind gelernt, ihre Situation zu kontrollieren, indem sie stets auf Zehenspitzen unterwegs war. Dieses Muster hat sie bis ins Erwachsenenalter beibehalten:

> Als Kind und Jugendliche wollte ich immer allen gefallen. Ich war everybodys darling: nett sein, nicht anecken, immer lächeln. Das war mein Schutz, um nicht abgelehnt zu werden und mich dann minderwertig zu fühlen. In Beziehungen habe ich diese Tendenz auch. Ich sage fast nie, wenn mir etwas nicht passt. Nicht auffallen. Bloß nicht auffallen! Damit versuche ich, jede Situation zu kontrollieren. Irgendwas in mir glaubt: Wenn ich nur immer nett zu allen bin und alles tue, was von mir verlangt wird, dann passiert mir nichts.

Menschen, die sich bereits sehr lange im Kontroll-Raum aufhalten, funktionieren oft nur noch und können unter Umständen gar nicht mehr wahrnehmen, was ihnen Freude machen würde. Sie sind nicht mehr in Kontakt mit dem, was sich gut anfühlt, sondern nur noch damit, was sich gut »andenkt«. Ihre ganze Aufmerksamkeit hängt fest im Sorgenkarussell.

Es kann passieren, dass unsere Ängste vor der Zukunft größer sind, als der Schmerz, in dem wir uns gerade befinden. Dann harren wir nicht nur im Kontroll-Raum, sondern auch in einer Lebenssituation aus, die uns nicht guttut. Pablo ist dafür ein Beispiel: Er lebt mit seiner Familie in Deutschland und arbeitet als Kellner. Ihm gefällt weder sein Job noch das Leben hier. Er redet ständig davon, dass er viel lieber nach Spanien zurückgehen würde, um ein Hotel zu eröffnen. Aber er traut sich nicht. Er folgt nicht seinem Herzen und ist gelähmt von den Sorgen, was alles passieren könnte, wenn er seinen Job aufgibt. Er wählt aus Angst eine vermeintliche Sicherheit. Der Kontroll-Raum dient ihm als Schutzraum – zumindest glaubt er das.

Du siehst, die Kontrollzustände können sich auf sehr vielfältige Weise zeigen. Immer sind sie mit Stress und Angst verbunden. Und dabei treten solche Ego-Zustände nicht nur bei einzelnen Personen auf. Es kann genauso gut sein, dass ein ganzer Staat kollektiv in den Kontroll-Raum rutscht. George Orwells Roman 1984 handelt von genau diesem systematischen Kontrollwahn. Allerdings ist der totalitäre Überwachungsstaat nicht nur in Science-Fiction-Romanen zu finden. Weltweit gab und gibt es Systeme und Diktaturen, die mit allen Mitteln versuchen, die Bewohner ihres Landes unter Kontrolle zu halten. Die Überwachungen des öffentlichen und privaten Raums und andere Maßnahmen in der ehemaligen DDR, in China und Nordkorea sind nur einige Beispiele dafür. Die Angst des totalitären Staates ist immer der Kontrollverlust.

Ein Staat kann auch Kontrolle einsetzen, ohne dass es von außen sofort ersichtlich ist: Indem Informationen manipuliert werden, kann ein System versuchen, Einfluss darüber zu gewinnen, wie die eigene Bevölkerung oder die Bevölkerung eines anderen Landes die Realität wahrnimmt. Und wer die Wahrnehmung der Bevölkerung kontrolliert, braucht nicht mit Widerstand zu rechnen.

Wie du aus dem Kontroll-Raum herausfindest

Um den Kontroll-Raum – wie auch die anderen Ego-Räume – wieder verlassen zu können, ist es gut, ein paar grundlegende Dinge über das Funktionieren unseres Geistes zu wissen. Es ist außerdem wichtig, zwischen zwei Formen von Kontrolle zu unterscheiden. Da ist die Kontrolle eines Jongleurs über die Bälle, einer Musikerin über ihr Instrument, eines Tänzers über seinen Körper oder auch deine Kontrolle in deiner Profession. Jeder übt ständig Kontrolle aus. Das wird erst dann zum Problem, wenn Ängste und Sorgen überhandnehmen und du nicht mehr aus Freude handelst, sondern unter Zwang. Wenn du also im Kontroll-Raum sitzt und nicht mehr draußen in der Weite deines Bewusstseins unterwegs bist – in der Freiheit.

Ein geübter Jongleur, Musiker oder Tänzer kontrolliert und ist gleichzeitig frei. Er liebt, was er tut. Kontrolle und Loslassen passieren synchron. Wenn du Pläne machst und dir überlegst, wie du ein ganz bestimmtes Projekt angehen willst, dann kannst du dies entspannt und aus einer inneren Freiheit und Klarheit heraus tun, oder aber die ganze Zeit Panik und Sorge haben, ob alles gut geht. Im ersten Fall planst du und bist frei, im zweiten Fall wirst du – wie eine Flipperkugel – von einer Sorgenschleife in die nächste geworfen: »Habe ich an alles gedacht? Wenn jetzt aber dies oder jenes passiert?! …«

Wenn du dich und deinen Körper anfängst achtsam zu beobachten, wirst du wahrnehmen, dass du nicht sehr viel Kontrolle in deinem Leben hast: Dein Körper altert, ohne dich zu fragen – du kontrollierst ihn nicht. Deine Zellen teilen sich, wie sie wollen, und auch die Situationen und Menschen, mit denen du im Alltag konfrontiert bist, kannst du nicht kontrollieren. Selbst deine

Gedankenprozesse kontrollierst du nicht. Die allermeisten Gedanken kommen in deinen Kopf, ohne dass du sie vorher einlädst. Hingabe ist also ein wesentlicher Schlüssel, um den Kontroll-Raum zu verlassen. Das Leben lebt dich bereits. Wenn du erkennst und akzeptierst, dass du nicht sehr viel kontrollierst, dann kannst du dich auch genauso gut ins Hier und Jetzt hinein *entspannen.*

Du versuchst immer, das zu kontrollieren, was nicht zu kontrollieren ist: die Zukunft. Aber das, was du kontrollieren kannst, wird von dir – wie von den allermeisten Menschen – außer Acht gelassen: Du hast nur Kontrolle über deine Aufmerksamkeit und deinen Glauben. Deswegen hatte ich sie als deine beiden großen Kräfte beschrieben.

Wie sehr der innere Zustand von deiner Perspektive abhängt, können wir am Beispiel von Andrea sehen, die ständig Angst davor hat, dass ihren Kindern etwas passiert: An einem Abend sitzt sie mal wieder im Wohnzimmer und wartet darauf, dass ihre Tochter mit dem Fahrrad nach Hause kommt. Während sie diverse Horrorszenarien von Unfällen und Vergewaltigungen im Kopf durchspielt, genießt ihre Tochter die Zeit mit ihren Freundinnen, die alle zusammen nach Hause radeln.

Andreas Verstand produziert Angstgedanken, und mit ihnen startet eine Projektion in die Zukunft. Wenn sich ihre Aufmerksamkeit (erste Kraft) in diese Vorstellungen einhakt und Andrea diese glaubt (zweite Kraft), muss sie zwangsläufig panisch werden. Sie hat gar keine andere Wahl. Es ist das Gesetz von Ursache und Wirkung. Andrea füttert die angstvollen Gedanken. Je mehr ihre Aufmerksamkeit zu dieser beängstigenden Vorstellung geht und sie diese glaubt, desto stärker wird ihre Energie – umso größer und mächtiger wird diese Perspektive. Andrea wird unvermeidlich in den Kontroll-Raum hineingezogen. Ihre Tochter hingegen ist frei von irgendeiner Vorstellung über die Zukunft und kann vollkommen urteilsfrei das *Hier und Jetzt* mit ihren Freundinnen genießen.

Du hast keine Kontrolle darüber, welche Gedanken dein Verstand ausspuckt, die dann in deinem Bewusstsein auftauchen. Aber du hast die Möglichkeit, deine Aufmerksamkeit und deinen Glauben zu lenken und zu leiten. Genau hier kann eine gesunde Kontrolle einsetzen, wie wir gleich noch sehen werden.

Willst du ein glückliches Leben führen, ist es essenziell, den eben beschriebenen Prozess wirklich zu begreifen. Deshalb hier noch einmal in Kurzform:

1. Deine Aufmerksamkeit folgt einem Gedanken.
2. Glaubst du den Gedanken, wirst du in den entsprechenden Ego-Raum gezogen.
3. Jetzt betrachtest du die Welt aus der Perspektive dieses Zustands. Du fühlst, denkst und handelst dementsprechend.

Die meisten Menschen glauben, dass ihr innerer Zustand von äußeren Dingen bestimmt wird: »Wenn ich viel Geld habe, gesund bin, mich viele Menschen bewundern und wertschätzen, dann ist mein innerer Zustand gut. Und wenn nicht, dann fühle ich mich schlecht.« Aber das stimmt nicht. Es gibt sehr viele Menschen, die wertgeschätzt werden, reich und gesund sind und dennoch nicht glücklich. Und dann gibt es wiederum Menschen, die in sehr einfachen Verhältnissen leben oder schwer krank sind und den ganzen Tag über Glück empfinden. Dein Glück kann nicht von äußeren Faktoren abhängen, sondern immer nur von deiner inneren Perspektive – davon, wie du deine Lebenssituation wahrnimmst.

Betrittst du einen Ego-Raum und nimmst damit eine bestimmte Perspektive ein, bist du fast schon programmiert darauf, dich in einer bestimmten Art und Weise zu verhalten. Vier simple Schritte werden dir helfen, um diesen Prozess immer wieder zu erkennen und dadurch aus den Räumen herauszukommen. Diese »vier Schritte der Achtsamkeit« werden uns durch das gesamte Buch begleiten und ich werde sie dir Schritt für Schritt vorstellen, damit du sie auch gut verinnerlichen kannst. Sie helfen dir aus jedem der zehn Räume heraus.

Die vier Schritte der Achtsamkeit

1. Ins Hier und Jetzt kommen
2. Liebevoll wahrnehmen, was ist
3. Akzeptieren, was ist
4. Sich eine neue Ausrichtung geben

Der erste Schritt der Achtsamkeit: Ins Hier und Jetzt kommen

In diesem Kapitel soll es erst einmal nur um den ersten der vier Schritte der Achtsamkeit gehen, darum, ins Hier und Jetzt zu kommen. Du kannst deine Aufmerksamkeit lenken und leiten. Dies ist das große Geschenk, das uns die Meditation lehrt. Du hast es in der Hand. Deine Aufmerksamkeit muss nicht wahllos jedem Gedanken hinterherspringen, der vorbeikommt. Und wenn du dich dennoch hast verführen lassen und einem Gedanken gefolgt bist, kannst du die Aufmerksamkeit von dieser Vorstellung auch wieder abziehen und dich ins Hier und Jetzt zurückholen.

Das Hier und Jetzt ist der erste Schritt in deiner Achtsamkeitspraxis und der erste Schritt heraus aus dem Kontroll-Raum. Er holt dich wieder in die Realität des Augenblicks. Nur das *Hier und Jetzt* ist real. Alles andere ist eine Illusion in deinem Kopf. Alles, was vor fünf Minuten war, ist vorbei, und niemand weiß, was in fünf Minuten sein wird. Nimm wahr, dass jeder Moment frisch und neu ist. Du hast ihn noch nie vorher erlebt. Alles, was du siehst und wahrnimmst, passiert so zum ersten Mal. Werde wieder zu einem Kind, das die Welt völlig neu für sich entdeckt und alles mit Staunen berührt. Dies ist der wichtigste Augenblick in deinem Leben. Du hast keinen anderen. Es ist der einzige Moment, der wirklich ist.

Dies ist der wichtigste Augenblick in deinem Leben.

Der leichteste Weg ins Hier und Jetzt führt über deine Atmung und den Körper. Atmung und Körper sind immer anwesend im Hier und Jetzt, sodass sie ein guter Anker sind, um dich in diesem Augenblick zu halten. Während du also weiterliest, folge mit deiner Aufmerksamkeit deiner Atmung. Beobachte präzise, wie der Atem in den Körper hineinfließt und den Körper wieder verlässt. Halte über die gesamte Strecke der Ein- und Ausatmung Kontakt mit dem Atemfluss.

Wenn du dies ein paar Minuten gemacht hast, wirst du einen Unterschied zu vorher feststellen: Du bist innerlich ruhiger und »angekommen«. Der Zen-Meister Thich Nhat Hanh hat den Kern der Achtsamkeit in einem Satz zusammengefasst, den ich auch diesem Kapitel vorangestellt hatte: »Ich bin angekommen, ich bin zu Hause.« Zu Hause ist kein Ort. Es ist ein Zustand, der sich einstellt, wenn du aus der Vorstellung deiner Gedankenwelt zurückgekehrt bist. Du verlässt das Haus des Ego und ruhst in der Weite deines Bewusstseins.

Du kannst alle Sinne benutzen, um dich ins Hier und Jetzt zu holen. So kannst du zum Beispiel die Aufmerksamkeit auf das lenken, was du riechst, schmeckst, tastest oder hörst. Ich höre jetzt gerade Tauben draußen auf der Straße gurren. Ich höre aber auch die Tastaturgeräusche, die meine Finger erzeugen, und spüre dabei die Tasten unter meinen Fingern. Obwohl ich also gleichzeitig denke, weil ich ja schreibe, bin ich nicht völlig verloren in meinen Gedanken. Ein Teil meiner Aufmerksamkeit bleibt verankert im Körper und auf den sinnlichen Wahrnehmungen oder auch auf dem Atem – und dadurch im Hier und Jetzt.

Seit wir gemeinsam gearbeitet hatten, bringt Andrea konsequent ihre Aufmerksamkeit ins Hier und Jetzt, wenn sie mal wieder Angstvorstellungen darüber hat, was ihren Kindern passieren könnte. Sie lenkt ihre Aufmerksamkeit auf ihren Atem und nimmt ihren Körper bewusst wahr. Das Hier und Jetzt ist immer gnädiger als die Welt unserer Gedanken. Dadurch hat Andrea es Schritt für Schritt geschafft, ihre Angst zu reduzieren.

Spürst du noch dein Atmen? Bleib weiter dran. Während du deiner Atmung folgst, beginne dabei auch, deine Füße und Beine wahrzunehmen. Erlaube deinen Füßen und Beinen anzukommen. Lass alle Spannung los, die du gerade nicht benötigst.

Dann spüre deine Beckenschale. Entspanne die Gesäßmuskulatur und entspanne den Beckenboden. (Wenn du nicht weißt, was dein Beckenboden ist: Es ist der Teil, mit dem du deinen Urinstrahl kontrollieren könntest. Spanne diese Muskulatur kurz an und dann gib einen Impuls dorthin, damit sie weich wird.)

Bleibe weiter in Kontakt mit deiner Atmung. Verliere den Atem nicht. Entspanne den Bauch. Und erlaube deinen Händen und Armen zu ruhen. Lass alle Anspannung abfließen, die du hier und jetzt nicht in deinen Armen benötigst. Werde weich in den Schultern. Stell dir vor, du wirfst einen schweren Rucksack ab.

Bewege sanft deinen Unterkiefer, sodass die Kaumuskulatur sich lockern kann. Entspanne jetzt noch mal deinen Beckenboden, denn es gibt über die Faszien eine Verbindung zwischen Kiefergelenk und Becken. Wenn du oben kneifst, kneifst du sehr oft auch unten oder umgekehrt. Erlaube deinem gesamten Gesicht, weich zu werden – du musst jetzt kein Gesicht machen. Entspanne dein drittes Auge, die Stelle zwischen den Augenbrauen, und erlaube dem höchsten Punkt deines Kopfes, deiner Krone, sich sanft zu öffnen.

Nun müsstest du im Hier und Jetzt angekommen sein. Sogar während des Lesens konntest du also in den jetzigen Augenblick zurückkommen. Das allerdings ist kein einmaliger Akt, sondern ein Prozess, den du ständig wiederholen solltest – dein ganzes Leben lang! Es ist wie Zähneputzen oder Duschen. Irgendwann wird es dir zur Gewohnheit, im jetzigen Moment zu sein, und es wird sich schlecht anfühlen, woanders herumzugeistern.

Vielleicht magst du ja von nun ab während der ganzen Zeit des Lesens in Kontakt mit deiner Atmung und mit deinem Körper bleiben. Solange du deinem Atem folgst und deinen Körper spürst, bist du in Verbindung mit dem Hier und Jetzt.

Warum aber verlassen wir automatisch den Kontroll-Raum, wenn wir ins Hier und Jetzt kommen? Weil wir dann nicht mehr in der Zukunft sind – dem einzigen Ort, der uns Angst machen und uns zu Kontrollaktionen veranlassen kann.

Spürst du den Atmen, deinen Körper? Wenn nun irgendein Problem in deinem Leben auftauchen sollte, stell dir folgende Frage: Was ist hier und jetzt nicht in Ordnung? Nimm innerlich das Tempo raus und schau präzise hin. Du bist eine Person, die irgendwo sitzt, steht oder liegt. Das sind die drei Positionen, die wir haben, sagt Byron Katie. Du stehst, sitzt oder liegst irgendwo. Das ist die Realität. Und was ist hier und jetzt nicht in Ordnung? Die Frage lautet nicht, was in fünf Minuten oder zwei Wochen eventuell nicht in Ordnung sein könnte? Die Frage lautet auch nicht, was vor fünf Minuten oder zwei Wochen nicht in Ordnung war? Sondern: Was ist hier und jetzt nicht in Ordnung? Das war auch die Frage, die ich Andrea mitgegeben habe und die sie sich jedes Mal gestellt hat, wenn sie Angst um ihre Kinder hatte. Diese Frage half ihr, ihre Ängste immer wieder loszulassen.

In meinen schwersten depressiven Stunden stellte auch ich mir immer und immer wieder diese eine Frage. Aber ich konnte nichts finden, was nicht in Ordnung war. Ich war »Mann auf Stuhl, der ein- und ausatmet«. Also nahm ich den nächsten Atemzug und fragte wieder: »Und jetzt? Was ist jetzt nicht in Ordnung?« Es war immer noch alles in Ordnung. So arbeitete ich mich von Moment zu Moment, von Atemzug zu Atemzug weiter und stellte fest: Das Einzige, was nicht in Ordnung war, waren meine Gedanken über mich, über meine Mitmenschen und über Situationen in meinem Leben. Solange ich nicht mit der Aufmerksamkeit in die Zukunft oder in die Vergangenheit reise, habe ich kein Problem. Ich bekomme erst dann ein Problem, wenn die Aufmerksamkeit sich irgendwo festhakt und ich anfange, einen Gedanken zu glauben. Ansonsten ist alles in Ordnung!

Achtsamkeit funktioniert wie ein Muskel. Je öfter du ihn bedienst, umso stärker wird er. Je öfter du dich darin trainierst, die Aufmerksamkeit ins *Hier und Jetzt* zu holen, desto länger werden die Phasen, in denen du wirklich anwesend bist und nicht mehr gefangen in irgendwelchen Ego-Räumen. Du musst dich allerdings immer wieder daran erinnern, es zu tun. Deswegen hat Thich Nhat Hanh oft zu uns gesagt: »Remember to remember!«

Erinnere dich, dich daran zu erinnern, in diesen Moment zurückzukommen.

Praktische Impulse

Halte inne

Finde immer wieder Momente, um nach Hause ins Hier und Jetzt zurückzukommen. Lausche auf Geräusche, Stimmen und auf die Stille dazwischen. Spüre deinen Körper und entspanne dich in den Augenblick hinein. Gib dich dem Leben hin. Es lebt dich sowieso schon, auch ohne dein Zutun. Wenn Probleme oder Sorgen auftauchen, nimm wahr: Du bist eine Person, die irgendwo sitzt, steht oder liegt. Stell dir die Frage: Wenn meine Aufmerksamkeit keinem Gedanken folgt, was ist dann nicht in Ordnung?

Hingabe

Nimm wahr, dass du kontinuierlich unterstützt wirst. Der Körper arbeitet für dich, ohne dass du etwas tun musst. Das Blut wird durch deine Adern gepumpt. Du atmest nicht, sondern wirst beatmet. Wenn du die Luft für eine Minute anhältst, wird irgendetwas wieder Luft holen und anfangen zu atmen. Du machst dabei gar nichts – du kannst es nicht kontrollieren. Mit jedem Atemzug sagt dir das Universum: »Ich unterstütze dich.« Du musst dich nicht so anstrengen. Das Leben lebt dich bereits. Entspanne dich und vertraue ins Leben.

Der Kontroll-Raum im Überblick

Zustand	Gedanken · Glaubenssätze
Wer im Kontroll-Raum ist, macht sich Sorgen, hat Angst vor der Zukunft. Er versucht, alles zu kontrollieren. Er treibt sich an; reißt sich zusammen; fühlt sich verantwortlich und mischt sich überall ein.	• Ich muss kontrollieren. • Ich muss es allein machen/schaffen. • Ich muss mich anstrengen. • Ich muss kämpfen/mich zusammenreißen. • Ich muss stark sein. • Ich muss es gut machen. • Ich muss immer aufpassen. • Ich muss funktionieren. • Ich muss/es muss perfekt sein. • Ich bin zuständig/verantwortlich. • Mir oder anderen könnte etwas Schlimmes passieren. • Ich oder andere könnten krank werden oder sterben. • Ich könnte bankrottgehen/alles verlieren. • Die Gesellschaft könnte kollabieren. • Die Welt könnte untergehen.

Emotionen	Handlungsmuster	Ausweg
• Ängstlich, gestresst, unruhig, erschöpft, frustriert, ärgerlich, genervt, hilflos, einsam, überlastet, überfordert, pessimistisch, zweifelnd. • Angst vor Versagen, Verlust oder Misserfolg. • Angst vor finanziellem Ruin. • Angst vor Krankheit oder Tod. • Angst vor dem gesellschaftlichen Kollaps, der Apokalypse, vor Krieg oder den Folgen der Umweltzerstörung.	• Analysiert, kontrolliert, schafft Strukturen, um Sicherheit zu erlangen, kämpft, reißt sich zusammen. • Angestrengt, aktionistisch, innerlich ständig in Bewegung, antreibend, perfektionistisch. • Die Aufmerksamkeit ist immer in der Zukunft, Hang zur Schwarzmalerei.	• Immer wieder Momente im Alltag finden, um ins Hier und Jetzt zu kommen, zu atmen und den Körper zu spüren. • Beobachten und erkennen: Ich kann kaum etwas wirklich kontrollieren. • Frage: Was ist hier und jetzt nicht in Ordnung? • Frage: Was fühlt sich gut an? (Statt: Was denkt sich gut an?) • Hingabe und Akzeptanz: Das Leben lebt dich bereits.

Raum zwei
Der Minderwert-Raum

»Ich habe noch nie einen Star getroffen,
der nicht auch diesen Minderwert hatte.
Es sind die Dinge, die fehlen, die dich zum Star machen –
nicht die Dinge, die du hast.«

George Michael[4]

Der Minderwert-Raum war über viele Jahre mein hauptsächlicher Aufenthaltsort. Dieser Raum ist der Keller im Ego-Haus, denn hier ist man – im wahrsten Sinne des Wortes – ganz unten gelandet. Meine Aufmerksamkeit wurde immer wieder von demselben Gedanken in diesen Raum gelotst: »Du bist nicht liebenswert.« Eine Stimme rief diesen Glaubenssatz aus dem Gewölbe nach oben in mein Bewusstsein. Meine Aufmerksamkeit (die erste Kraft) folgte ihr, und ich glaubte, was der Verstand mir erzählte (die zweite Kraft). War ich erst einmal in diesem Raum, machte ich aus allen möglichen Situationen: »Ich bin nicht liebenswert.« Wenn ich zum Bäcker ging und die Bäckersfrau nicht lächelte, konnte ich es denken; wenn ein Hund nicht zu mir kam, um sich streicheln zu lassen; und wenn ich mich verliebte, ohne dass es sofort erwidert wurde, natürlich sowieso. Sogar wenn eine Ampel rot war, konnte der Gedanke auftauchen: »Hier ist der Beweis: Das Universum liebt dich nicht.« »Ich bin nicht liebenswert«, wurde zum Top Song in meinen persönlichen Charts. Es zog mich immer wieder in diesen beklemmenden Zustand oder – wenn ich bereits drin war – noch tiefer hinein.

Wie du in den Minderwert-Raum hineingerätst

Im Minderwert-Raum hält sich der innere Kritiker besonders gern auf. Er ist die Stimme, die dir zuruft, dass du es wieder mal nicht gut genug gemacht hast, dass du falsch bist, dass du nicht dazugehörst und dass du nichts wert bist. Hat er dich einmal in diesen Raum gezogen, läuft er den ganzen Tag um dich herum und redet permanent auf dich ein. Manchmal schreit er sehr laut in dein Ohr, manchmal flüstert er leise aus dem Hintergrund. In jedem Fall befindet er sich immer ganz in deiner Nähe. In der Atmosphäre dieses Zimmers fühlst du dich unsicher, ängstlich und allein, voller Selbstzweifel.

In der Hoffnung, deinen Selbstwert zu steigern, wirst du versuchen, alles gut, richtig und am besten perfekt zu machen. Das ist unglaublich anstrengend, weil du dadurch nämlich probierst, in die Köpfe deiner Mitmenschen zu springen. Du willst durch ihre Augen blicken und herausfinden, was sie als Nächstes von dir erwarten könnten. So lebst du nicht deine eigene Wahrheit, sondern schaust immer darauf, was die anderen wollen. Du verleugnest dich permanent selbst.

Mit deinen Anstrengungen, es gut zu machen, versuchst du, ein wenig Farbe in den Minderwert-Raum zu bringen. Doch der

Putz hier drinnen wird grau bleiben. Auch wenn du dich noch so anstrengst: Für die kritische Stimme in deinem Kopf wird es niemals ausreichen. Sie wird dich weiter herabsetzen. Wenn du dich in dieser bedrückenden Atmosphäre über einen längeren Zeitraum aufhältst – so wie ich damals – wirst du von deinem Verstand sukzessive tiefer in den Minderwert-Raum hineingeleitet und könntest schließlich sogar in einer Depression enden.

Erst als ich ins Kloster zog und anfing, Achtsamkeit zu üben, stellte ich fest, wie harsch der innere Kritiker den ganzen Tag über mit mir redete. Diese innere Stimme begleitete mich zwar schon seit meiner Kindheit, doch erst durch die kontinuierliche Beobachtung wurde mir bewusst, wie mächtig sie war. Vorwürfe bekam ich von ihr natürlich auch im Kloster zu hören – diesmal über meine Achtsamkeitspraxis: Ganz egal, ob ich für einige Zeit meiner Atmung nicht gefolgt war (unsere ständige Aufgabe im Kloster, um uns im *Hier und Jetzt* zu halten) oder mir beim Kochen der Reis anbrannte: Die Stimme des Kritikers war sofort da, um mich subtil zu rügen oder komplett auseinanderzunehmen.

Ich taufte diese Stimme »mein Gestapomännchen«. Mir half diese Bezeichnung, etwas Abstand zu gewinnen, um nicht mehr so stark mit diesem inneren Kritiker identifiziert zu sein. Sehr oft dient Humor dazu, Distanz zu erzeugen. Sobald du über dich lachen kannst, bist du nicht mehr mit einem Zustand identifiziert. Trotzdem würde ich diese Gedankenenergie heute nicht mehr so nennen. Denn durch den Begriff »Gestapomännchen« findet wieder Kritik statt. In dem Augenblick, wo ich die Stimme so bezeichne, verurteile ich sie und antworte mit derselben Energie, die sie mir entgegenbringt. Heute begegne ich dem Verstand, den inneren Stimmen und Gedanken mit mehr Gelassenheit und aus einem größeren Abstand heraus.

Wir haben jede noch so kritische Stimme in uns aus einer Verwirrung heraus entwickelt – als vermeintlichen Schutz.

Der innere Kritiker soll dich vor äußerer Kritik schützen. Es ist eine Art Prävention. Er kritisiert dich zuerst, bevor es jemand anders tun kann. Was aber die wenigsten begreifen: Die innere Stimme ist sehr viel schmerzhafter. Denn ein Kritiker außen hört irgendwann auf zu reden. Doch die Stimme in dir bleibt! Sie bleibt, bis du aufhörst, ihr zu glauben, und deine Aufmerksamkeit aufhört, sie mit Energie zu versorgen.

Lass uns wieder anhand einiger Beispiele sehen, wie der Minderwert-Raum beschaffen sein kann und was uns dort hineinführt. Nehmen wir Veronika, sie ist Musikerin, und ihre Aufmerksamkeit kann manchmal den absurdesten Vorstellungen ihres Verstandes folgen:

> Ich liege zum Beispiel im Bett und denke über jemanden nach, den ich fünfzehn Jahre nicht gesehen habe: ein ehemaliger Kommilitone von mir, der mich früher auf dem Klavier begleitet hat. Heute ist er Professor. Und dann taucht der Gedanke auf: »Der denkt jetzt über mich, dass aus mir nichts geworden ist … Ganz viele denken das! … Alle denken das!« Es ist das Grundgefühl meines Lebens. Ich denke, dass andere mich verurteilen, weil ich nicht so gut aussehe, weil ich beruflich keinen Erfolg habe und keinen Mann. Ich stelle Bezüge her, die andere wahrscheinlich gar nicht so herstellen würden.

Der Ablauf ist in jedem Raum der gleiche: Du glaubst den Stimmen und Vorstellungen deines Verstandes, und darum hast du bestimmte Emotionen. Weil du diese Emotionen hast, musst du auf eine bestimmte Art und Weise handeln.

Ich habe Menschen kennengelernt, die über Jahre zurückgezogen lebten, kaum Kontakte hatten und auch keiner Arbeit nachgingen, weil sie eine solche Panik davor hatten, irgendetwas nicht hinzubekommen. Hätten sie etwas begonnen und dann »versagt«, hätte der innere Kritiker freie Bahn gehabt, sie zu attackieren.

Da du im Minderwert-Raum ständig der Stimme des inneren Kritikers glaubst, reagierst du sehr empfindlich auf Kritik von außen. Du bist schon so voll von Selbstkritik, dass du alles, was an negativen Urteilen noch obendrauf kommt, als unerträglich empfindest, weil es dich noch mehr zum Versager macht.

Dabei ist »Versagen« natürlich immer von der subjektiven Beurteilung abhängig. Am Ende triffst du selbst die Entscheidung, ob du versagst oder nicht oder anders formuliert: ob du dem inneren Kritiker glaubst oder nicht. Du kannst die Latte auf zwei Meter legen und sagen: »Ich muss hier drüberspringen, sonst habe ich versagt.« Du kannst sie aber genauso gut auf zehn Zentimeter hängen. Oder es ist dir vollkommen egal, ob du es schaffst, irgendwo drüberzuspringen, denn du bist in Liebe mit dir – so oder so.

Doch sobald du anfängst, auf den inneren Kritiker zu hören, sitzt du im Minderwert-Raum in seiner Geiselhaft. Die Angst vor dieser Stimme – die dein eigener Verstand kreiert – hat dich dann vollkommen im Griff. Wenn du nicht zu denen gehörst, die abtauchen, sich zurückziehen und verstecken, wirst du in diesem Zustand alles Mögliche tun, um zu gefallen oder zumindest nicht anzuecken. Erwartungen von außen werden von dir bereitwillig erfüllt. Du tendierst dazu, Ja zu sagen, obwohl du eigentlich Nein meinst oder umgekehrt. Du lächelst, auch wenn dir gar nicht danach ist, und du bist sogar bereit zu lügen, um nur ja keine Abwertungen von außen zu erfahren. Im Minderwert-Raum bist du davon überzeugt, dass dein innerer Wert steigt, wenn du anderen Menschen gefällst. Dieser irrwitzige Glaube bringt die obskursten Verhaltensmuster mit sich. Lilly zum Beispiel setzt sich im Taxi immer nach vorn, damit der Fahrer sie nicht für arrogant hält, obwohl sie lieber hinten sitzen würde. Und aus demselben Grund gibt sie extra viel Trinkgeld. Aus Angst davor, dass man schlecht über sie denken könnte, verschenkt sie großzügig Geld und zahlt grundsätzlich die Rechnungen im Restaurant.

Weil du dich so sehr bemühst, einen guten Eindruck zu machen, beginnst du, dich selbst auszubeuten – so wie Sophia:

> Ich arbeite jeden Tag länger, obwohl ich es eigentlich nicht will. Es läuft immer darauf hinaus, dass ich denke: Was ich abliefere, reicht nicht, und deshalb mache ich ständig mehr. Deswegen trau ich mich auch nie, dem Chef zu widersprechen, selbst wenn er Dinge sagt, die zeigen, dass er von diesen Details wenig Ahnung hat.
>
> Aber privat passiert so etwas auch. Neulich habe ich eine Skihütte organisiert und bei den Hüttengebühren draufgezahlt, weil ich mich nicht getraut habe, meinen Freunden den wahren Preis zu nennen. Ich hatte Angst, dass ich dann als kleinkariert und geizig dastehe.

Ein weiteres häufiges Symptom, wenn du dich in diesem Zustand befindest, ist die Schwierigkeit, Komplimente anzunehmen. Obwohl du dich ständig darum bemühst, alles gut zu machen, damit der innere Kritiker endlich mal schweigt, ist die Wertschätzung von außen eine komplette Überforderung für dich. Ich zum Beispiel sehnte mich zwar nach Zuspruch wie ein ausgetrockneter Schwamm nach Wasser und dennoch habe ich mich innerlich regelrecht gewunden, wenn mich jemand lobte. Es war wie der Kampf zweier Stimmen: die Stimme desjenigen, der mich wertschätzte, und die des Kritikers in meinem Kopf, der insistierte, dass es nicht stimmen kann und bestimmt nur aus Höflichkeit gesagt worden wäre. Selbst wenn von dem Lob etwas ankam, floss es in der Regel in unglaublicher Geschwindigkeit durch mich hindurch und wieder davon. Denn die Gedanken, die aus dem Minderwert-Raum riefen, waren für mich grundsätzlich glaubhafter.

Darum fühlen wir uns oft sehr einsam in diesem Zustand: Auch wenn wir Lob und Anerkennung bekommen, glauben wir, dass wir das eigentlich nicht verdient hätten. Manche befürchten sogar ständig, als Hochstapler erkannt zu werden.

Befindest du dich im Minderwert-Raum hat die Eigenwahrnehmung in der Regel nichts mehr mit der äußeren Realität zu tun. Es ist durchaus möglich, in den Fängen der Minderwertgefühle zu sein, obwohl man sehr viel Liebe, Anerkennung und Wertschätzung erhält. Die bereits erwähnte Lilly zum Beispiel arbeitet als Moderatorin und wird von Zuschauern und Kollegen gleichermaßen hoch geschätzt. Sie ist jedoch davon überzeugt, dass sie nicht gut ist in dem, was sie macht. Auf meine Frage, wie lange sie nun schon so erfolgreich in ihren Job arbeitet, antwortet sie: »Seit über 30 Jahren, aber oft denke ich: Alle werden sehr bald merken, dass ich eigentlich gar nichts kann.«

Hier siehst du, wie die Perspektive des Raumes, in dem du dich aufhältst, die Realität einfärbt und wie unfähig du dann bist, dich selbst und deine Umwelt klar wahrzunehmen. Obwohl Lilly seit Jahrzehnten den Beweis bekommt, dass sie hervorragende Arbeit leistet, erzählt ihr der Verstand ständig das Gegenteil und – sie glaubt ihm. Jedes Mal wenn sie ein Lob erhält, wiegelt sie es ab, macht es klein oder sie erzählt sich, dass ihr Gegenüber einfach lügt, um ihr nicht wehzutun.

Ein Symptom, das im Minderwert-Raum ziemlich häufig auftaucht, ist das Vergleichen. Du vergleichst dich mit anderen, mit ihren Fähigkeiten, mit dem, was sie leisten, was sie besitzen oder wie sie aussehen. Thay (so nennen seine Schüler Thich Nhat Hanh) hat immer wieder zu uns gesagt: Wenn wir in den Vergleich gehen, leiden wir automatisch. Es ist praktisch wie eine mathematische Formel: Vergleich ist gleich Leiden. Auch Lilly folgt mit ihrer Aufmerksamkeit gern dieser Vergleichsstimme in den Minderwert-Raum:

> Nachdem eine Fernsehsendung von mir beendet wurde, fragte mich der Pförtner beim Fernsehsender: »Was machen Sie denn jetzt, wo man Ihre Sendung abgesetzt hat? Sind Sie noch beim Fernsehen?« Und was habe ich gemacht?! Ich habe meinen Terminkalender herausgeholt und ihm vorgelesen, was ich alles zu tun habe. Mittendrin habe ich gemerkt, was ich da gerade mache, und aufgehört.

Lilly vergleicht sich beim Pförtner nicht mit anderen, sondern mit sich selbst. Sie will dem Pförtner beweisen, dass sie immer noch so erfolgreich ist wie früher.

Auch der Vergleich mit dir selbst erzeugt – in der Regel – Leiden: »Früher war ich sportlicher, erfolgreicher, konnte mir mehr Dinge merken, hatte mehr Geld oder mehr Haare.« Es ist also egal, ob du dich mit anderen oder mit dir selbst vergleichst: Du bekommst auf Dauer ein Problem. Anstatt einfach nur mit Interesse und wertfrei zu beobachten, was in diesem Augenblick da ist, kreierst du ein Besser-als und Schlechter-als. Es ist die Vorstellung, dass irgendetwas oder irgendwer besser ist als du, die dich ständig antreibt und nicht zur Ruhe kommen lässt. Denn dein Verstand erzählt dir, dass du erst dann genügst, wenn du im Vergleich und bezogen auf deine selbstkreierten Maßstäbe gut dastehst. Erst dann erlaubst du dir deine Existenz und dein Okay-Sein.

Wenn dein Verstand deinen Selbstwert an bestimmte Leistungen koppelt, dann wirst du immer neue Herausforderungen suchen, um dir und der Welt zu beweisen, dass du es kannst und somit wertvoll bist. Die Unternehmensberaterin Anne zum Beispiel ist 48 Jahre alt und hat kürzlich mit einer neuen Sportart begonnen, die technisch und körperlich sehr herausfordernd ist:

> Beim Surfen fühle ich mich oft ganz und gar unfähig. Wenn ich eine Welle nicht erwische, kommt bei mir ganz schnell: »Was machst du hier? Du bist zu alt! Du solltest lieber Bridge spielen!« Warum habe ich mir in meinem Alter so einen Sport ausgesucht?! Es ist wohl kein Zufall. Und wenn ich dann ins Wasser gehe, dann mache ich es mir auch noch extra schwer: Ich nehme kein Anfängerbrett, sondern eins für Fortgeschrittene. Ich gehe in die hohen Wellen, nicht in die kleinen – und dann schaffe ich es nicht. Wenn man eine große Welle erwischt, bekommt man sofort ein Glücksgefühl. Wenn es aber nicht klappt, hadere ich mit mir: »Ich bin zu alt. Ich habe zu spät damit angefangen. Ich kann das nicht.«

Meist sind es Männer, die beim Sport, bei Spielen und Wettkämpfen einen besonderen Ehrgeiz an den Tag legen. Jonas zum Beispiel ist Anfang 30. Ihm fällt es sehr schwer zu verlieren:

> Ich habe Angst belächelt oder ausgelacht zu werden, wenn ich keine Topleistungen abliefere. Abgelehnt, ausgelacht, bloßgestellt zu werden, davor fürchte ich mich. Rational ist mir das alles bewusst, aber in der Situation scheint es für mich nur einen Ausweg gegen diese Ablehnung zu geben: indem ich halt Erster bin. Weil ich weiß, dass mich dann keiner belächeln kann. Wenn mich jemand belächelt, dann schäme ich mich und fühle mich minderwertig.
>
> Beim Schwimmen ist mir neulich aufgefallen, wie absurd das Ganze ist. Wenn ich Bahnen schwimme, kann eine ältere Dame links neben mir

> schwimmen und auf der anderen Seite ist vielleicht ein Kind und in der Mitte bin ich. Daraus in irgendeiner Form eine Wettbewerbssituation zu machen, ist ja total abstrus, und dennoch passiert es mir. Sogar in so einer Situation hole ich dann alles aus mir raus, was rauszuholen ist. Ich gehe in jeder Hinsicht ans Limit – auch wenn es für mich ungesund wird. Das ist meine Strategie, ein Verhalten, das wie automatisiert abgespult wird. Irgendwann merke ich, was für ein Unsinn das ist. Spätestens dann, wenn ich feststelle, dass die Dame, die neben mir schwimmt, 30 oder 40 Jahre mehr auf dem Buckel hat.

Da sich die meisten Menschen sehr stark mit ihrem Körper identifizieren, steht das Aussehen im Minderwert-Raum natürlich unter der ganz besonderen Beobachtung des inneren Kritikers. Er wird jedes noch so kleine Detail, das scheinbar nicht in Ordnung ist, hervorheben und kann einen Menschen sogar in eine Essstörung treiben. Nicht von ungefähr lebt eine gigantische Industrie von Diäten, Mode, Kosmetik- und Schönheitsartikeln, Fitness, Nahrungsergänzungsmitteln und plastischer Chirurgie.

Robert zum Beispiel ist ein gutaussehender Mann. Der 30-Jährige geht drei- bis viermal in der Woche ins Fitnessstudio. Seine Muskeln sind sichtbar ausgebildet, und wenn er in der Schwulenszene unterwegs ist, zieht er die Blicke vieler Männer auf sich. Doch sobald er mal eine Woche nicht zum Training gehen konnte, glaubt er, dass er einen Bauchansatz bekommen hätte. Dann gibt der Kritiker in ihm solange keine Ruhe, bis er wieder im Studio war und »den Bauch« wegtrainiert hat.

Auch Ursula wurde immer schon als attraktive Frau wahrgenommen. Heute ist sie Mitte 60 und schaut zurück auf die Zeit, als sie jünger war:

Mein Körper sollte natürlich immer gut funktionieren. Er sollte gut aussehen, schlank und sportlich sein. Und wenn er das nicht war, dann habe ich daran gearbeitet. Ich habe viel Sport gemacht, mich immer geschminkt und teure Kleidung gekauft. Wenn irgendetwas war, was ich nicht hinkriegen konnte und was ich an mir schrecklich fand, dann habe ich mich dafür total geschämt. Für jede Falte und dafür, dass meine Beine nicht so schön sind. Dann habe ich versucht, das zu verdecken. Interessant ist, dass ich immer gut ankam und immer Beziehungspartner hatte, aber trotzdem habe ich es nicht richtig geglaubt. Heute schaue ich auf alte Fotos und denke: »Mein Gott! Du warst so eine attraktive Frau! Was hat dich daran gehindert, das zu sehen und zu glauben? Warum hast du das damals nicht genossen, sondern ständig an dir herumgemäkelt?«

Ella Fitzgerald gilt sowohl bei Kritikern als auch beim Publikum als eine der besten Sängerinnen aller Zeiten. Ihre Karriere erstreckte sich über sechs Jahrzehnte. Sie wurde gefeiert mit Titeln wie: Queen of Jazz und First Lady of Song. Trotzdem hatte sie immer wieder starke Selbstzweifel. Ein guter Freund von ihr berichtet, was sie ihm einen Tag vor ihrem Tod erzählte: »Ich verstehe es nicht: Ich hatte so eine lange Karriere, dabei gibt es viele Sänger, die besser singen können als ich – mit einer besseren Stimme. Ich verstehe einfach nicht, was meine Karriere so lang am Laufen hielt.« Der Freund beschreibt, wie Ella dann eine Zeit lang durchs Fenster in den Garten blickte, sich wieder umdrehte und sagte: »Ich weiß, was es ist! Es sind die Lieder, die ich singe. Das ist es, was die Leute mögen.«[5]

Fluchtmethoden

In fünf der zehn Räume des Ego-Hauses erscheint dir das Leiden besonders groß. Der Minderwert-Raum ist einer davon. Daneben werden noch Ohnmacht, Bedürftigkeit, Verwirrung und Schuld als extrem schmerzhaft wahrgenommen. Wenn du noch nicht weißt, wie du aus diesen Räumen herauskommen kannst, wirst du alles Mögliche versuchen, um drinnen wenigsten ein bisschen Linderung zu erhalten. Für die meisten von uns bedeutet Linderung irgendeine Form von Konsum oder Aktivität. So auch beim Minderwert-Raum. Bei manchen sind Shoppingtrips die Fluchtmethode, um den Selbstwertmangel zu überdecken. Bei mir waren es Partys und Alkohol. Es könnten aber auch genauso gut Arbeit, Sex, Sport, sich immer wieder neu Verlieben, Wetten, Computerspiele oder Essen sein. Sucht hat unzählige Spielarten.

Rutschst du in eine Sucht, dann immer nur deshalb, weil du nach einem Ausweg aus einem Ego-Raum suchst, in dem du so leidest. Je mehr der Zustand schmerzt, umso stärker wird die Droge und umso höher muss die Dosierung sein, damit du Linderung erfährst. In deiner Unfähigkeit, mit den auftauchenden Gedanken und Emotionen umzugehen, wirst du mehr Alkohol brauchen oder härtere Drogen nehmen. Es ist wie bei körperlichen Schmerzen: Je größer die Qualen, desto stärker muss das Medikament sein. Wenn ich Menschen auf der Straße sehe, die Crack oder Heroin zu sich nehmen, weiß ich, dass ihr Leiden besonders intensiv sein muss.

Weil du dir nicht anders zu helfen weißt, greifst du verzweifelt zu deinem bevorzugten Mittel. Dadurch willst du deine Aufmerksamkeit vom inneren Kritiker weglenken und dich in einen anderen Zustand bringen. Die Linderung durch diese Fluchtmethoden ist allerdings nicht sehr nachhaltig. In der Regel wirst du – nach einem kurzen Rausch – meist umso tiefer in den alten Ego-Raum zurückgeschleudert.

Wie du aus dem Minderwert-Raum herausfindest

Auch bei diesem Raum und dem Ausweg aus dem Minderwert helfen uns die vier Schritte der Achtsamkeit, die du beim ersten Raum schon kennengelernt hast. Hier noch einmal der Überblick, bevor ich dir den zweiten Schritt näherbringen möchte:

Die vier Schritte der Achtsamkeit

1. Ins Hier und Jetzt kommen
2. Liebevoll wahrnehmen, was ist
3. Akzeptieren, was ist
4. Sich eine neue Ausrichtung geben

Der zweite Schritt der Achtsamkeit: Liebevoll wahrnehmen, was ist

Erinnere dich: Der erste Schritt in der Achtsamkeitspraxis ist es, zurück nach Hause, ins *Hier und Jetzt* zu kommen. Du kommst über die Beobachtung deines Atems und über deine Sinnesorgane in die Gegenwart. Und du kannst das jetzt gleich tun, während du liest. Benutze den Atem kontinuierlich als deinen Anker, um dich anwesend zu halten.

Spüre nun zusätzlich deinen Körper als eine Einheit. Nimm ihn gleichzeitig und gleichwertig wahr. Was das heißt? Wenn du einen Luftballon aufbläst, dann ist dein Atem gleichzeitig an jeder Stelle im Ballon – jede Stelle ist gleichwertig. Lass deine Wahrnehmung genauso gleichzeitig und gleichwertig im Körper sein. Aber streng dich dabei nicht an.

Lausche nun auch auf die Geräusche und Stimmen um dich herum – und auf die Stille dazwischen. *Entspanne* deinen Körper in diesen Moment hinein. Lass vor allem in drei Bereichen los: in Becken und Bauch; in den Schultern und im Nacken sowie im Kiefer und in der Stirn. Trainiere dich, diesen kleinen Bodyscan immer wieder in deinen Alltag zu integrieren, um wirklich zu Hause anzukommen. Das hilft dir, egal in welchen Ego-Raum du abzudriften drohst oder bereits abgedriftet bist.

Nachdem du ins Hier und Jetzt gekommen bist, beobachte im zweiten Schritt, in welchem inneren Zustand du dich befindest. Du schaust oder besser spürst einfach genauer hin, was gerade mit dir los ist, wie du dich fühlst und was du denkst. Ich erlebe immer wieder Menschen, denen es schwerfällt, Abstand zu ihrem momentanen Zustand herzustellen. Sie sind so stark mit den Geschichten und Perspektiven, die vom Verstand betont werden, identifiziert, und zwar weil ein großer Teil ihrer Aufmerksamkeit komplett von einem der Räume absorbiert wurde. Sie glauben dann, dass sie der Zustand sind und dass die Stimme, die sie hören, ihre eigene Stimme ist. Doch wenn ein großer Teil ihrer Aufmerksamkeit in einem Raum festhängt, dann können sie den Zustand nicht richtig wahrnehmen. Er klebt ihnen quasi so nah auf der Nase, dass sie unfähig sind, ihn zu sehen.

Wie kannst du also erkennen, dass du in einem der Räume unterwegs bist? Deine Emotionen und Körperempfindungen geben dir Hinweise. Wenn du mit einem der zehn Zustände identifiziert bist, dann wirst du entweder Angst, Ärger oder Bedürftigkeit erleben. Diese drei liegen letztlich unter allen anderen unangenehmen Zuständen. Nimmst du eines dieser drei Emotionspakete wahr, weißt du, dass deine Aufmerksamkeit einem problematischen Gedanken gefolgt ist und du dich in einem Raum des Ego-Hauses befindest. Angst, Ärger, Bedürftigkeit und die Körperempfindungen, die mit ihnen einhergehen, sind deine Warnhinweise dafür, dass du in einem Raum festsitzt. Diese Emotionen zeigen dir an, dass etwas nicht in Ordnung ist – genauso wie dir ein körperlicher Schmerz den Hinweis gibt: »Hier stimmt etwas nicht. Du musst dich kümmern!« Lerne also, deine Emotionen und deine Bewusstseinszustände zu erkennen und dich um sie zu kümmern, dann kannst du den schmerzhaften Zuständen entkommen.

Im ersten Schritt der Achtsamkeit kommst du ins Hier und Jetzt zurück. Das schafft schon mal Abstand. Der zweite Schritt bedeutet nun: *liebevolles, freundliches, nicht urteilendes Wahrnehmen.* Dies ist enorm wichtig, denn dein Ego-Verstand nimmt auch wahr, aber er urteilt sofort. Das Ego hat immer ein persönliches Interesse – es will etwas haben oder nicht haben. Wenn du also feststellst, dass du beobachtest und dabei kritisierst oder vergleichst, dann weißt du, dass du irgendetwas praktizierst, aber keine Achtsamkeit. Bleib in der inneren Haltung deiner Beobachtung liebevoll oder geh immer wieder in diese freundliche Haltung zurück.

Durch den zweiten Schritt kannst du noch mehr Abstand zu jedem inneren Zustand gewinnen. Du lernst, dich zu beobachten wie ein sehr guter Freund. Ich rutsche dabei innerlich immer ein Stück zur Seite, schaue freundlich auf mich und sage: »Ah, interessant, Schatz« (so rede ich mittlerweile mit mir – und dafür habe ich lange gebraucht). »Ah, interessant, Schatz, du verurteilst dich gerade wieder.« »Ah, interessant, Schatz, du machst dir mal wieder Sorgen.« »Ah, interessant, Schatz, du drehst gerade völlig durch ...«

In der Regel braucht es eine Diagnose, bevor du eine Medizin verabreicht bekommst. In diesem Fall ist es aber etwas anders: Die Diagnose ist gleichzeitig die Medizin. Denn die liebevolle Wahrnehmung – dein Bewusstsein über den inneren Zustand – hilft dir bereits, Abstand zu ihm zu bekommen. Die Distanz ist das Mittel, das dir Linderung verschafft. Dadurch hast du automatisch mehr Freiheit und fühlst dich direkt besser. Thay hat immer wieder zu uns gesagt: »Bewusstsein ist wie die Sonne, die auf eine Blumenknospe scheint. Durch die Sonne öffnet sich die Knospe. Sie schafft die Transformation.« Dein Bewusstsein ist die Sonne, und der schwierige Zustand ist die Knospe. Durch dein Bewusstsein passiert bereits Veränderung. Dadurch, dass du erkennst: »Ich befinde mich in einem Ego-Raum«, bist du schon mit einem Bein draußen. Die Blume öffnet sich.

Wenn du dich in diesen liebevollen Beobachtungsmodus begibst, bist du nicht mehr so verstrickt in deine inneren Dramen und die Stimmen, die dein Verstand produziert. Dann siehst du den Kritiker, den Antreiber, den Perfektionisten, aber du bist nicht mehr die Stimme, mit denen sie sprechen. Du blickst wie eine Erzieherin im Kindergarten auf die Dramen der Kleinen und schreitest gegebenenfalls freundlich-bestimmt ein, aber du bist nicht Teil des Dramas. Oder ein anderes Bild: Hast du dich vorher als Kind in der Geisterbahn befunden und warst derart absorbiert von dem Geschehen, dass du Teil der Handlung wurdest, sitzt du nun als Erwachsener in einer der Gondeln. Du hast Distanz.

Diesen Abstand durch die Beobachterposition zu bekommen, ist in allen Räumen wichtig, aber gerade im Minderwert-Raum mit seiner starken Kritikerstimme sehr bedeutsam. Halte in deinem Alltag also möglichst oft einen Teil Präsenz aufrecht, um dich beim Denkprozess zu beobachten. Einen inneren Zeugen, der immer da ist und erkennt, was gerade geschieht. Wenn du einen Teil der Aufmerksamkeit bei diesem Beobachter hältst, verlierst du dich nicht mehr in den Filmen deiner Gedankenwelt.

Auf genau diesem Weg konnte ich auch schon vielen Klienten helfen. Sophia zum Beispiel, die einige Seiten zuvor erzählte, dass sie ständig Überstunden macht und nie wagt, ihrem Chef zu widersprechen. Sie wird projektbezogen bei großen Unternehmen beschäftigt. Hier beschreibt sie, wie es ihr geht, seit sie regelmäßig praktiziert, in der *liebevollen Wahrnehmung* zu bleiben:

> Ich gehe jetzt so oft wie möglich am Tag in eine Beobachterposition. Dadurch treffen mich bestimmte Dinge nicht mehr. Früher hätte mich Kritik sofort im innersten Kern getroffen und ich wäre erstarrt. Als neulich ein Geschäftsfrüher in einem großen Meeting dabei war, hat er sich sehr kritisch über bestimmte Punkte geäußert. Alle sind verstummt, und es war sehr unangenehm, weil er so krass in seiner Kritik war. Ich habe ganz kurz diese alte Emotion bekommen, mich klein gefühlt und falsch – wie früher. Aber ich habe es direkt gemerkt und konnte mich dadurch wieder entspannen. Ich bin innerlich weit geblieben und habe dann auf der Sachebene geantwortet. Ich habe ihm dargelegt, warum ich denke, dass sein Ansatz in dem Kontext gar nicht relevant ist. Ich konnte sehr klar und dabei freundlich sein, weil ich ja nicht emotional betroffen war. Ich war innerlich frei. Es war ein sehr interessantes Erlebnis! Ich konnte in Kontakt mit ihm bleiben, ohne dass es für mich unangenehm war. Außerdem hat sich plötzlich die gesamte Stimmung im Raum gewandelt, weil klar wurde, dass er verbissen ist. Am Ende konnte man sehen, dass er es auch selbst gemerkt hat. Er lenkte ein.

Innere Stille – innere Weite

Die *liebevolle Wahrnehmung* ist ein Zwischenschritt auf dem Weg zur inneren Stille. Die meisten Menschen können die liebevolle Wahrnehmung leichter herstellen und umsetzen, als direkt innerlich still zu werden. Die innere Stille ist jedoch deine eigentliche Ausrichtung, wie ich später noch genauer erläutern werde. Es ist der vierte Schritt der Achtsamkeit. Versuchst du gleich, still zu sein, beginnt sich dein Verstand zu wehren und feuert umso mehr Gedanken in deine Wahrnehmung. Übst du allerdings zuerst damit, dich »liebevoll zu beobachten«, kommst du irgendwann – ganz automatisch – in die innere Stille, in die reine Wahrnehmung. Du wirst dich dann nicht mehr bemühen, »liebevoll« zu sein, sondern bist einfach nur noch bewusst.

Stille, reine Wahrnehmung, Weite, pures Bewusstsein oder wahres Selbst: Das sind alles Ausdrücke für denselben Zustand, auf den wir uns letztlich im vierten Schritt der Achtsamkeit (Genaueres folgt) ausrichten wollen. Diesen vierten Schritt findest du jedoch bereits in den ersten drei Schritten. Denn wenn du immer wieder trainierst, ins Hier und Jetzt zu kommen, ist dies ebenfalls eine Ausrichtung, die dich auf Dauer in die Stille führt.

Kommst du innerlich an diesen Ort der Stille, dann bist du frei. Du befindest dich außerhalb des Ego-Hauses und bist nicht einmal mehr in seinem Garten, sondern hast seinen Einflussbereich vollkommen verlassen. Du bist in der Weite deines Bewusstseins und wirst hier weder Angst noch Ärger oder Bedürftigkeit fühlen.

Still zu sein bedeutet nicht, dass du nicht mehr denkst – obwohl auch das passieren kann. Es ist vielmehr so, dass du aus einer inneren Weite heraus zuschauen kannst, wie Gedanken dein Wahrnehmungsfeld betreten, eine Zeit lang bleiben und irgendwann wieder verschwinden. Du hast Distanz zu deinen Denkprozessen. Die Gedanken sitzen dir nicht mehr direkt auf der Nase, sondern du kannst sie jetzt entspannt ein Stück entfernt von dir wahrnehmen, ohne dich allzu belastet von ihnen zu fühlen.

Wenn du deine Beobachtung auf diesen inneren Panoramablick einstellst, kannst du erkennen:

1. Welche Geschichten und Urteile der Verstand deiner Aufmerksamkeit anbietet.
2. Aus welchen Räumen heraus die Gedanken dich rufen.
3. In welchen Zustand deine Aufmerksamkeit geht.

Beobachtest du aus dieser Weite, dann bist du automatisch im *Hier und Jetzt.* Ein Teil deiner Aufmerksamkeit bleibt wach und erkennt, wo die restliche Aufmerksamkeit hinwandert.

Das erste Mal erlebte ich die innere Stille bewusst nach einer längeren Sitzmeditation im Kloster. Ich ging zurück in das zwölf Quadratmeter große Zimmer, das ich mir mit drei Freunden teilte. Platz für einen Schrank gab es dort nicht. Unsere Taschen und Rucksäcke waren unter den Betten verstaut. Frühere Bewohner hatten mit Seilen an der Decke Bambusstäbe angebracht, die über den Betten schwebten wie Reckstangen. So konnten wir feuchte Handtücher, Jacken oder Pullover daran aufhängen. Als ich mich an diesem Tag auf mein Bett setzte, war ich innerlich in einer Weite, wie ich sie vorher noch nie gespürt hatte. Ich blickte hoch zu einem braunen Pullover, der auf einem Bügel an der Bambusstange hing, und da war so etwas wie: »Wow! Das ist ein Pullover!« Ich hatte den Eindruck, dass ich zum ersten Mal in meinem Leben wirklich einen Pullover sehe. Es war kein Gedanke und keine Bewertung zwischen mir und dem Objekt meiner

Wahrnehmung. Ich blickte aus der Stille heraus auf die Dinge und befand mich in einem zeitlosen Raum. Ich spürte Weite, Verbundenheit, Frieden, Dankbarkeit, Demut und ein Gefühl des Angekommenseins.

Kein materieller Besitz, kein Erfolg, keine Wertschätzung oder Anerkennung kann dir diese innere Freiheit schenken, die du erlebst, wenn du in der *Stille* deines wahren Selbst ruhst. In der Regel braucht es einige Übung, um in diese Stille zu kommen. Manchmal kann aber auch eine extreme Gefahrensituationen oder Krankheit den Bewusstseinszustand drastisch verändern. Bei einigen Menschen, wie bei den spirituellen Lehrern Byron Katie und Eckhart Tolle, verursachte ein sehr intensiver Leidensdruck den Wechsel der Wahrnehmung und führte sie in die Stille.

Eckhart Tolle beschreibt in seinem Buch *Jetzt! Die Kraft der Gegenwart* sein Erweckungserlebnis während einer sehr schweren Depression: Er lag nachts mal wieder mit Suizidgedanken im Bett, und ein bestimmter Satz wiederholte sich in einer Dauerschleife in seinem Kopf: »Ich kann mit mir selbst nicht weiterleben.« Irgendwann nahm er wahr, was für ein merkwürdiger Gedanke das war. Er fragte sich: Bin ich einer oder bin ich zwei? Wenn »ich« nicht länger mit »mir« leben kann, dann müssen da zwei sein: ein Ich und der andere, mit dem ich nicht leben kann. Vielleicht ist nur einer von den beiden real.[6]

Eckhart Tolle schaffte Abstand zu dem Gedanken, der ihn so leiden ließ, und dadurch wurde es plötzlich komplett still in ihm. Das war der Moment seiner Erleuchtung. Die innere Stille hat ihn seither nicht mehr verlassen.

Im Minderwert-Raum erleben wir einen extrem starken inneren Kritiker. Mithilfe der Achtsamkeit und der liebevollen Beobachtung, der inneren Stille lernen wir vor allem zu erkennen: Das, was als Kritiker in uns tobt, ist einfach eine Ansammlung von

Gedanken, die wir glauben. Keine Stimme in unserem Kopf ist real. Sie alle sind Kreationen des Verstandes, reine Fantasie.

Praktische Impulse

Sei liebevoll mit dir selbst

Trainiere es, deinen inneren Zustand liebevoll wahrzunehmen oder einfach aus der inneren Stille heraus zu beobachten. Halte Abstand. Wenn du feststellst, dass etwas in dir hart und kritisch spricht, dann nimm auch das liebevoll wahr. Sage zum Beispiel zu dir selbst: »Interessant, Schatz, du kritisierst dich gerade wieder.«

Beobachte und erkenne

Schließe die Augen, nachdem du diesen Text gelesen hast. Folge deiner Ein- und Ausatmung, bis du dich entspannter und präsent fühlst. Beginne darüber zu meditieren, von wo du überall Wertschätzung und Liebe erhältst. Blicke auf Menschen, die dich wertschätzen, auf Tiere, die dich lieben, oder vielleicht auf Pflanzen und Mineralien, mit denen du dich verbunden fühlst. Richte deine Aufmerksamkeit auf die zu dir strömende Wertschätzung und entwickle Dankbarkeit dafür. Nimm wahr, dass du mit jedem Atemzug geliebt wirst. Das Universum sagt dir mit jedem neuen Atemzug: »Ich liebe dich so sehr, dass ich dir Leben schenke.«

Der Minderwert-Raum im Überblick

Zustand

Wer im Minderwert-Raum ist, fühlt sich wertlos und im Mangel. Er leidet unter den Urteilen eines starken inneren Kritikers und hat zugleich Angst vor Kritik von außen. Er versucht zu gefallen, um seinen Selbstwert zu erhöhen.

Gedanken · Glaubenssätze

- Ich bin es nicht wert.
- Ich bin nicht liebenswert.
- Ich bin nicht gut genug (und irgendwann merken es alle).
- Ich kann es nicht.
- Ich kann gar nichts.
- Ich reiche nicht.
- Ich bin zu viel.
- Ich gehöre nicht dazu.
- Ich bin allein/einsam.
- Ich bin falsch.
- Ich darf nicht auffallen.
- Ich darf nicht so sein, wie ich bin, sondern muss den anderen gefallen.
- Ich muss mich anpassen.
- Irgendetwas stimmt nicht mit mir (in Bezug auf Körper, Psyche, Verhalten, Herkunft, sexuelle Orientierung, Vergangenheit, Lebensweise, Beruf ...).

Emotionen

- Ängstlich, mutlos, sehnsüchtig, hoffend, depressiv, traurig, schüchtern, unsicher, empfindsam, empfindlich.
- innere Leere, Einsamkeit, Scham.
- Gefühl nicht »richtig« oder »gut genug« zu sein, Angst zu versagen, Angst, als Hochstapler entlarvt zu werden.

Handlungsmuster

- Selbstzweifel, Selbstvorwürfe.
- Vergleicht sich mit anderen (und kommt zum Ergebnis, dass sie besser sind).
- Perfektionistisch, gelähmt, angestrengt.
- Konkurriert aus Angst vor dem Gefühl, schlechter zu sein; spinnt kleinere und größere Lügen; verleugnet die eigene Wahrheit, um zu gefallen; versucht nicht anzuecken.
- Schwierigkeiten, Komplimente anzunehmen.

Ausweg

- Liebevolles Wahrnehmen und Beobachten.
- Abstand zum inneren Kritiker schaffen.
- Beobachten und erkennen: Du bist nicht deine Gedanken.
- Beobachten und erkennen: Von woher kommt bereits überall Liebe und Wertschätzung?
- Arbeit mit dem inneren Kind (siehe Kapitel zum Raum der Bedürftigkeit).

Raum drei
Der Raum der Bedürftigkeit

Ich brauche sehr viel Bestätigung.
Zum Beispiel von meiner Frau. Ich will hören,
dass sie sagt: »Du bist toll! Das hast du gut gemacht!«
Ich muss sowohl hören, dass ich als Person toll bin,
aber auch, dass ich schlaue Sachen sage und natürlich:
gut aussehe. Eine nonverbale Bestätigung reicht mir nicht.
Ich muss die Worte hören. Und wenn sie nicht kommen,
dann erzähle ich hektisch, was ich alles Tolles gemacht
habe. Ich stelle es ganz ausführlich dar, setze noch einen
drauf und übertreibe, sodass es irgendwann richtig
unangenehm wird. Aber ich mache das solange,
bis ich höre, was ich glaube zu benötigen.

Ryan, Anfang 40

Der Raum der Bedürftigkeit ist sehr spärlich eingerichtet. Denn hier empfindest du großen Mangel. Serviert wird in dem Zimmer höchstens Wasser und trockenes Brot, und auch darum musst du noch bitten und betteln – so ist zumindest dein Eindruck. In diesem Zustand fühlst du dich zu kurz gekommen und kämpfst ständig darum, etwas zu kriegen. In deiner Überzeugung kann sich Glück erst dann einstellen, wenn sich die Welt da draußen ändert und du endlich das erhältst, was du dir so sehnsüchtig wünschst und was dir zusteht. Du siehst dich als Opfer: Andere Menschen, das Leben oder das Universum behandeln dich unfair, glaubst du. Darum beschwerst du dich oft und ausgiebig – entweder nur in deinem Kopf oder lautstark.

Wie du in den Raum der Bedürftigkeit hineingerätst

In diesem Zustand wirst du hauptsächlich von drei Gedanken beherrscht:

1. Ich brauche unbedingt etwas und bekomme es nicht. Ich bekomme nicht, was ich gern hätte/was ich verdiene.
2. Ich muss Dinge tun, die ich nicht tun will.
3. Ich werde nicht gesehen und nicht respektiert.

Mangel empfindest du vor allem in zwei Räumen des Ego-Hauses: im Minderwert-Raum und hier im Raum der Bedürftigkeit. Doch anders als im Minderwert-Zustand, wo du das Loch innerlich erlebst, weil du dich als wertlos empfindest, bezieht sich der Mangel in der Bedürftigkeit immer auf äußere Dinge. Es kann sehr vielfältig sein, woran es dir in diesem Raum fehlt: Vielleicht meinst du, den richtigen Partner zu brauchen, ein eigenes Kind, mehr Geld und Erfolg oder eine bessere Wohnung. Es kann aber auch eine Beförderung, mehr Anerkennung und Respekt sein, ein jugendlicheres Aussehen, mehr Gesundheit oder ein bestimmtes Verhalten von irgendjemandem.

»Sieh mich«, wird ständig aus diesem Raum heraus in die Welt gerufen. Du sehnst dich danach, wahrgenommen zu werden, und versuchst alles Mögliche, um Aufmerksamkeit zu bekommen. So ist es auch bei Martin. Er ist 55, verheiratet, hat zwei Kinder und arbeitet in einer Agentur:

> Wenn es um Arbeitsergebnisse und Leistungen geht, dann bin ich sehr aktiv dabei, mir Feedback und Lob einzuholen. Wenn ich eine gute Idee habe, dann will ich sie auch präsentieren – und dann bin ich emotional darauf angewiesen, dass die anderen sagen: »Oh, habe ich gesehen. Finde ich super!« Oder wenn ich zu Hause koche, dann will ich auch gesehen werden. Ich will, dass sich jemand positiv dazu äußert. Und wenn niemand etwas sagt, versuche ich es den anderen aus der Nase zu kitzeln, indem ich Dinge sage wie: »Das ist aber wieder ziemlich gut geworden, oder?« Wenn es nicht gesehen wird, dann bin ich enttäuscht und fühle mich nicht gewürdigt.

Du wirst in diesem Raum quengeln und nörgeln, bitten und betteln oder auch versuchen zu manipulieren und Dinge zu erzwingen. Weil du dich als Opfer fühlst, kreierst du ein Feindbild und suchst die Schuld bei den anderen. Doch das größte Problem in diesem Zustand ist: Du übernimmst keine Verantwortung für deine Emotionen. Du bist davon überzeugt, dass die anderen oder das Leben schuld daran sind, wie du dich gerade fühlst. Dass du es in der Hand haben könntest zu entscheiden, wie es dir im *Hier und Jetzt* geht, erscheint dir als Idee vollkommen abwegig. Du bist überzeugt davon: »In meiner Situation muss man sich so fühlen, wie ich mich gerade fühle.«

(Spoileralarm: Muss man nicht!)

Im Raum der Bedürftigkeit ist deine Toleranzgrenze, das Maß, was du aushalten kannst und willst, nicht sehr hoch. Deine Bedürfnisse sollten am besten sofort befriedigt werden. Darum ist auch Akzeptieren nicht deine stärkste Fähigkeit, solange du dich hier drinnen befindest. Wenn irgendetwas nicht sofort so gelingt, wie du es dir vorgestellt hast, kannst du auch schon mal ausrasten. Du bist in diesem Zustand sauer, beleidigt, verzweifelt, eifersüchtig, neidisch, empört, frustriert oder misstrauisch. Alles wird hier ungemein persönlich genommen, und darum bist du leicht kränkbar. Du kannst auch extreme Rachegedanken entwickeln und sie manchmal sogar in die Tat umsetzen. Deine Fähigkeit, dich in die Perspektive eines anderen hineinzuversetzen, ist in diesem Raum sehr beschränkt. Mitleid hast du vor allem mit dir selbst.

Vielleicht merkst du schon, dass wir es hier mit einem ausgesprochen kindlichen Zustand zu tun haben. »Ich, ich, ich.« Hier dreht sich alles nur darum.

Byron Katie sagt gern: »Wenn ich ein Gebet hätte, dann wäre es dies: Gott, bitte verschone mich vor dem Wunsch nach Liebe, Anerkennung und Wertschätzung. Amen!«

Schauen wir uns Marlene an. Sie ist eine erfolgreiche Regisseurin und hat viele Freunde, beklagte sich aber jahrelang, weil sie weder einen Partner noch Kinder hatte. Doch mit Ende 30 verliebt sie sich ganz plötzlich und heiratet. Kurz darauf bekommt sie einen Sohn. Der Traum, den sie immer geträumt hat, ist endlich in Erfüllung gegangen. Allerdings ist dies kein Happy End für sie. Nach einer kurzen Phase der Zufriedenheit taucht das Gefühl von Mangel erneut auf. Diesmal ist es die Arbeit, die nicht so läuft, wie sie es sich vorstellt. Da sie nun als Mutter stark eingespannt ist, bleiben berufliche Projekte auf der Strecke. Sie vergleicht sich mit ihrem erfolgreichen Mann und fühlt sich im Mangel. Die Angewohnheit in den Vergleich zu gehen, ist im Raum der Bedürftigkeit ebenso stark wie im Minderwert-Zustand.

> Mein Mann ist der Haupternährer unserer Familie, und es fällt mir sehr schwer, das zu akzeptieren. Er ist involviert in Geschichten, die aus meiner Sicht sehr wichtig sind. 1000 Leute rufen ihn an, und er hat ständig Termine. Es freut mich natürlich, dass es so super bei ihm läuft, aber es gibt eben auch diesen Teil in mir, der es vergleicht. Ich beziehe dann alles auf mich. Dann denke ich solche Dinge wie: »Ich bin überhaupt nicht gefragt! Ich bin gar nicht erfolgreich! Ich kriege nicht, was ich verdiene, obwohl ich klug und begabt bin!« Im Alltag tauchen diese Gedanken vor allem auf, wenn ich überfordert bin. Dann denke ich: »Ach, er kriegt alles, und ich bin diejenige, die sich schon wieder um das Kind kümmern muss, die Küche aufräumt und die Klamotten kauft.«

Marlene ist ein Beispiel dafür, dass ein innerer Zustand sich nicht einfach verändert, bloß weil die Situation sich wandelt und jemand endlich das bekommst, was er sich immer gewünscht hat. Mangelte es Marlene zuerst an der eigenen Familie, fehlt ihr jetzt an einer anderen Stelle etwas: im Beruflichen.

Ist deine Aufmerksamkeit darauf trainiert, in den Raum der Bedürftigkeit zu gehen, wird sie dies auch weiterhin tun. Der Mangel wird schlichtweg auf etwas anderes verlagert. Ist das eine Bedürfnis befriedigt, taucht einfach der nächste Mangel auf. Dieses Spiel kann dein Verstand endlos treiben. Es ist ähnlich wie im Kontroll-Raum, wo eine Sorge nach der anderen produziert wird und du dadurch nie zur Ruhe kommst. Die Bedürftigkeitsfabrik entwickelt ständig neue Sehnsüchte.

Die Befriedigung dieser Sehnsüchte bringt dir keine Freiheit. Denn innere Freiheit hängt nicht von äußeren Dingen ab. Ansonsten müssten wir Menschen im Westen ja fast alle erleuchtete Wesen sein. Schließlich befriedigen wir uns weltweit am meisten. Doch trotz unseres Reichtums, der guten Gesundheitsversorgung und der relativen Sicherheit, die wir in diesen Ländern genießen, scheinen die Bedürftigkeit und das innere Leiden nicht weniger zu werden.

Hat jemand so ein Grundgefühl der Bedürftigkeit, liegt das oft an Kindheitserfahrungen, die noch nicht aufgearbeitet wurden. Hülya ist dafür ein gutes Beispiel. Sie ist Anfang 50, und als sie acht Jahre alt war, zogen ihre Eltern nach Deutschland, um dort zu arbeiten. Sie wurde bei Verwandten in der Türkei zurückgelassen. Hülya rutscht deswegen bis heute blitzschnell in den Raum der Bedürftigkeit.

Ich bin allein! Das ist mein häufigster Gedanke. Ganz extrem habe ich ihn, wenn ich krank bin. Ich brauche nur eine Erkältung zu bekommen, dann rutsche ich da rein und denke: »Ich bin allein, ich kann mir gar nicht mehr helfen.« Und dann kommen alle möglichen anderen Gedanken: »Es wird alles immer schlimmer. Ich werde elendig zugrunde gehen …«

Schon so oft habe ich in dem Zustand angefangen zu heulen und mich ganz beschissen gefühlt. Wie ein verlassenes Kind, um das sich niemand kümmert. Das Gefühl kenne ich gut. Ich war als Kind sehr allein. Ich bin in den Jahren in der Türkei bei sieben verschiedenen Verwandten untergekommen. In meiner Erinnerung war ich in dieser Zeit immer allein.

Es ist schon heftig, wie oft das auftaucht – diese große Bedürftigkeit. Ich steige zum Beispiel in den Zug, sehe mir die Leute an und denke: »Typisch! Du reist allein, und alle anderen sind mit anderen Leuten unterwegs.« Eine Frau setzt sich zu mir, und ich denke: »Okay, die ist wenigsten auch allein.« Doch als sie telefoniert, merke ich, dass sie mit ihrem Mann spricht! Dann kommt eine andere Frau und setzt sich in die Nähe. Ich denke: »Okay, aber die ist jetzt wirklich allein.« Aber dann kommt ihr Sohn dazu, und bei mir taucht sofort der Gedanken auf: »Du hast es nicht hingekriegt, Kinder zu bekommen! Du bist allein! Allein! Allein!« Ich bin dann nur noch damit beschäftigt. Wie irre ist das denn?

Kollektive Bedürftigkeit

Rutschst du sehr tief in diesen Raum hinein, können sogar Verschwörungstheorien entstehen. Dann siehst du überall Feinde und witterst hinter allem ein Komplott. In Foren und Kommentarfeldern im Internet finden sich viele Beispiele von Menschen, die sich in diesem Raum der Empörung aufhalten, der letztlich ein Teil des Raumes der Bedürftigkeit ist. In der Anonymität lassen sie oft ihre ganze Wut heraus. Alles erscheint ihnen unfair, und sie finden ständig Gründe, um sich über irgendetwas zu beklagen.

Häufig wenden sich Menschen von denen ab, die sich ständig beschweren und jammern. Aber oft finden sie dennoch Leute, die in ihr Klagelied mit einstimmen. Gemeinsam bestätigen sie sich dann in ihrer Perspektive und treiben sich dadurch gegenseitig tiefer in den Zustand hinein. Jetzt wird es immer schwieriger für die Einzelnen, diesen Raum wieder zu verlassen.

Wenn man den Raum der Bedürftigkeit im Kollektiv betritt, entwickelt sich eine Dynamik, die verheerend sein kann. Im Ego-Haus gibt es drei Räume, aus denen heraus andere Menschen attackiert werden: Bedürftigkeit, Hybris und Widerstand. In allen drei Zuständen gibt es immer mindestens einen Feind im Außen. Das Kollektiv im Bedürftigkeitszustand ruft dann: »Wir gegen die anderen!«

Es entstehen Glaubenskonstrukte wie: »Die wollen uns etwas wegnehmen!« »Die haben alles, und wir haben nichts!« »Die entscheiden, und wir werden nicht gefragt!« »Die zeigen uns keinen Respekt!« »Die wollen uns vernichten!« »Jetzt sind wir mal dran!« Solche kollektiven Glaubenssätze finden wir in jedem Zeitalter unserer Menschheitsgeschichte – bei den unterschiedlichsten Gruppen, in jeder Kultur und bei allen Nationen.

Der Zweite Weltkrieg und der Holocaust an der jüdischen Bevölkerung entstanden aus einem Wechselspiel zweier Zustände: Hybris und Bedürftigkeit. Nachdem Deutschland den Ersten Weltkrieg verloren hatte, bestimmten die Siegermächte im Versailler Vertrag, dass Deutschland hohe Reparationszahlungen zu leisten hätte. Darüber hinaus wurden Gebiete vom Deutschen Reich abgetrennt, und die deutsche Armee durfte nur noch sehr begrenzt aufrüsten.

Diese Auflagen wurden von den Nationalsozialisten über Jahre als Schande dargestellt. Durch ihre aggressive und kontinuierliche Beschwerdekampagne (Bedürftigkeit) bestimmten sie immer stärker den öffentlichen Diskurs der Gesellschaft. Mehr und mehr Deutsche folgten den Nazis in ihrer Argumentation und bewegten sich dadurch mit ihnen hinein in den Raum der Bedürftigkeit. Außerdem fühlten sich die Nationalsozialisten anderen Völkern und Nationen überlegen (Hybris-Raum). Auch dieser Gedanke wurde von vielen Bürgern übernommen, sodass schließlich große Teile der deutschen Bevölkerung in diese beiden Räume einmarschierten. Die Zustände Hybris und Bedürftigkeit führten letztendlich zur größten Katastrophe des 20. Jahrhunderts.

In einer Fernsehdokumentation über den Zweiten Weltkrieg beschrieb ein ehemaliger amerikanischer Soldat, wie er 1945 zum Ende des Krieges nach Frankfurt kam. Er war in den USA in einer Kleinstadt aufgewachsen und hatte keine besondere Schulbildung genossen. Als er über die Frankfurter Prachtalleen und Boulevards ging und die zerstörten großbürgerlichen Häuser und Villen sah, konnte er es nicht fassen. In seiner Vorstellung war Europa voller rückständiger Menschen und ärmlicher Dörfer. Ihm war nicht klar gewesen, was für einen kulturgeschichtlichen Reichtum Deutschland besaß. Er fragte sich: »Warum haben sie das alles aufs Spiel gesetzt? Wozu? Was wollten sie denn noch? Sie hatten doch bereits so viel!«

Bedürftigkeit ist immer sehr subjektiv. Du bist vielleicht unglücklich darüber, dass du dir in diesem Jahr keinen zweiten Urlaub leisten kannst, während ein Flüchtling aus einem Kriegsgebiet liebend gern mit dir tauschen würde. Ein bemerkenswertes Beispiel für die Subjektivität von Bedürftigkeit ist die Geschichte der Quelle-Erbin Madelaine Schickedanz: Im Jahr 2009 verlor sie durch Fehlinvestitionen einen Großteil ihres Vermögens. Laut Schätzungen besaß sie – nach dem Crash – neben zahlreichen Villen und berühmten Kunstwerken »nur noch« ein paar hundert Millionen Euro. Die ehemalige Milliardärin beklagte sich daraufhin in den Medien bitterlich darüber, wie sehr sie nun sparen und sich einschränken müsse. Ihre Äußerungen brachten ihr in der Presse enorm viel Spott ein und den Titel »Hartz-IV-Millionärin«.

Wie du aus dem Raum der Bedürftigkeit herausfindest

Um aus dem Raum der Bedürftigkeit herauszukommen, brauchst du wieder die vier Schritte der Achtsamkeit. Diesmal geht es speziell um den dritten Schritt. Doch hier zunächst noch einmal der Überblick:

Die vier Schritte der Achtsamkeit

1. Ins Hier und Jetzt kommen
2. Liebevoll wahrnehmen, was ist
3. Akzeptieren, was ist
4. Sich eine neue Ausrichtung geben

Der dritte Schritt der Achtsamkeit: Akzeptieren, was ist

Während meiner ersten Monate in Plum Village verließ ich das weitläufige Gelände des Klosters nicht. Es gab keine Zeitungen, keinen Fernseher, keine Handys, kein Internet, und dennoch langweilte ich mich nie. Ich hatte schließlich genug damit zu tun, meiner Atmung zu folgen, im *Hier und Jetzt* zu bleiben und den Wahnsinn *liebevoll beobachten* zu lernen, der in meinem Verstand tobte.

Als der Herbst kam, wollte Thay einen Vortrag in Lourdes halten und lud uns alle ein, ihn zu begleiten. Wir fuhren mit zwei Reisebussen voller Mönche und Nonnen in die Pyrenäen. Der Wallfahrtsort war etwa dreieinhalb Stunden entfernt. Obwohl ich Lourdes als Jugendlicher bereits einmal besucht hatte, war ich dennoch geschockt über die Masse an Touristen. Ein Souvenirshop reihte sich an den nächsten, und durch die kleinen Gassen der Pilgerstadt drängten sich Horden von Menschen. Ich hatte sechs Monate in einer Atmosphäre von Ruhe und Frieden praktiziert und war es nicht gewohnt, meine Aufmerksamkeit bei so einem Trubel im Hier und Jetzt zu halten. Mein ganzer Körper zog sich bei dem Versuch zusammen. Ich strengte mich so sehr an, dass ich Kopfschmerzen bekam.

Ein amerikanischer Mönch merkte, wie sehr ich innerlich kämpfte. »Entspann dich hinein«, sagte er, als wir uns durch die

Menschenmenge quetschten. Ich folgte seiner Anweisung, nahm einen tiefen Atemzug und änderte meine innere Haltung. Ich hörte auf, gegen den Krach und das Gedränge anzukämpfen, sondern öffnete mich stattdessen dafür. Auf Anhieb wurde es friedlicher in mir. Dadurch, dass ich die äußere Realität akzeptiert hatte, so wie sie war, änderte sich automatisch meine innere Realität. Ich hatte den dritten Schritt der Achtsamkeit kennengelernt.

Wenn du im ersten Schritt ins *Hier und Jetzt* zurückgekommen bist, beobachtest du im zweiten Schritt mit ein wenig Abstand *liebevoll*, was gerade ist. Jetzt geht es im dritten Schritt darum, die Realität zu *akzeptieren*. Deine Wahrnehmung wird sich automatisch verändern, sobald du die Realität so annimmst, wie sie ist. Eine äußere Situation muss dich nämlich nicht zwangsläufig in einen bestimmten emotionalen Zustand versetzen. Sonst würden ja alle Menschen das Gleiche fühlen, wenn sie sich in derselben Lage befinden. Wir können aber zur selben Zeit an demselben Ort sein und völlig unterschiedliche Perspektiven haben.

Selbst wenn zwei Menschen eine ähnliche Erfahrung von zum Beispiel Misserfolg, Verlust oder Krankheit machen, kann der eine verzweifeln und der andere innerlich in Frieden bleiben. Der amerikanische Mönch nahm die Touristen in Lourdes nicht als beängstigende, laute Masse wahr, die ihn aus seiner Achtsamkeit herauszog. Im Gegensatz zu mir konnte er völlig entspannt den Rummel genießen. Also nicht die Umgebung war schwierig, sondern die Perspektive, die ich eingenommen hatte. Nicht das, was dir widerfährt, ist das Problem, sondern das, was du darüber denkst.

Um den Raum der Bedürftigkeit zu verlassen, gibt es diesen einen Universalschlüssel: *Akzeptiere, was ist!* Hör auf, dich zu beschweren, und sage Ja zum Augenblick. In Plum Village bestand für alle Klosterbewohner eine wichtige Übung darin, nicht zu klagen: nicht über das Wetter, nicht über das Essen, nicht über die anderen Mitglieder der Klostergemeinschaft oder über sonst irgendetwas. Wenn ich heute in eine Umgebung komme, die ich als laut, kalt, heiß oder hektisch empfinde, dann weiß ich, dass es keinen Sinn macht, mich innerlich dagegen abzuschotten oder zu klagen. Der Kampf gegen die Realität kostet nur Energie. Stattdessen *entspanne* ich mich, so gut ich kann, in die Situation hinein und genieße den Moment. Es ist ein Akt der Hingabe. Dies bedeutet nicht, dass ich handlungsunfähig bin. Ich schaue vielleicht, dass ich die Umgebung baldmöglichst wieder verlasse, wenn sich das besser anfühlt. Aber zuerst akzeptiere ich den Moment. Und dann agiere ich.

Nehmen wir an, du seist sehbehindert und befändest dich allein in einem Raum, den du nicht kennst und den du verlassen möchtest. Du läufst vielleicht als Erstes gegen eine Wand und merkst, dass es hier nicht hinausgeht. Dann tastest du dich weiter durch den Raum, bis du schließlich eine Tür findest, durch die du das Zimmer verlassen kannst. Du wirst zuerst akzeptieren, dass da eine Wand ist, und dann agierst du entsprechend. Du bleibst aber nicht vor der ersten Wand stehen und trommelst verzweifelt mit den Fäusten dagegen, in der Hoffnung, dass sie sich magisch öffnet. Befindest du dich im Raum der Bedürftigkeit, machst du allerdings oft genau das: Du verharrst vor der Wand und hämmerst dagegen – in der Erwartung und mit dem festen Glauben, dass die Mauer irgendwann fällt.

Wenn Bienen durch eine geöffnete Terrassentür ins Haus kommen, orientieren sie sich zunächst auf zwei Arten, um wieder nach draußen zu finden. Sie fliegen erstens nach oben und zweitens dem Licht entgegen. Dabei kann es sein, dass sie die Tür nicht treffen, sondern gegen die Glasscheibe eines Fensters fliegen. Nach einigen erfolglosen Anläufen werden sie einen weiteren Orientierungssinn hinzuziehen: Sie nehmen den Luftzug wahr, der von draußen hereinkommt, folgen ihm und finden so wieder den Weg in die Freiheit. Auch Schmetterlinge orientieren sich so. Nur Fliegen nicht. Fliegen können stundenlang immer und immer wieder gegen dieselbe Glasscheibe knallen, ohne etwas an ihrem Verhalten zu ändern. Genau das passiert, wenn du die Realität nicht akzeptierst, wie sie ist. Du wirst wie eine Fliege gefangen bleiben im Gefängnis deiner Bedürftigkeit.

Solange du den jetzigen Augenblick nicht akzeptierst, befindest du dich im Krieg mit der Realität – und diesen Krieg kannst du nicht gewinnen. Wie sinnlos es ist, dagegen zu kämpfen, kannst du im Schnelltestverfahren feststellen: Fordere jetzt dein Buch (oder deinen E-Reader) auf, von selbst zu fliegen. Es soll schweben – von allein abheben. Lass uns nett anfangen. Versuche es zuerst, indem du es freundlich bittest. Und? Fliegt es? Wenn nicht, probiere es damit, ihm zu schmeicheln. Das soll oft sehr gute Wirkungen zeigen ... Wie sieht es aus? Hebt es ab? Falls nicht, kein Problem! Du hast ja schließlich noch deine Wunderwaffe: Empörung! Beschwere dich einfach bei ihm und schau, wie weit du damit kommst ... Egal, was ich bisher versucht habe, mein Buch ist nicht geflogen. Willkommen in der Realität!

Meine erste bewusste Erfahrung mit wahrer Akzeptanz machte ich als junger Schüler. Zu der Zeit trug ich fast immer dieselbe Jacke, die meine gute Freundin Susanne gestrickt hatte. An jenem Tag fuhr ich mit dem überfüllten Schulbus nach Hause. Es war so warm, dass ich meine heiß geliebte Jacke unter dem Arm hielt. Ein älterer Schüler begann mich wegen irgendetwas zu hänseln. Ich versuchte ihn zu ignorieren, doch ganz plötzlich entriss er mir die Jacke und reichte sie schnell an seine Freunde weiter. Innerhalb kürzester Zeit war sie am anderen Ende des Busses und aus meinem Blickfeld verschwunden. Ich versuchte verzweifelt, an den Schülern vorbeizukommen, aber sie lachten nur und versperrten mir den Weg. Die Haltestelle, an der ich aussteigen sollte, war nur noch eine Station entfernt, und meine Verzweiflung wurde immer größer. Meine angestrengten Versuche, mich auch nur einige Zentimeter in Richtung des begehrten Objektes zu bewegen, scheiterten kläglich.

Dann legte sich unerwartet ein Schalter um. Ich weiß nicht, wieso es passierte, aber schlagartig war meine Bedürftigkeit verschwunden. Ich hatte den Zustand verlassen. Ich hörte auf zu kämpfen und drehte mich zur Tür um. Der Bus hielt, die Tür öffnete sich, und ich stieg aus. Etwas in mir hatte die Situation akzeptiert und die Jacke komplett losgelassen. Als ich draußen war, warf mir ein Schüler durch die sich schließende Bustür meine Jacke zu. Doch das war jetzt nicht mehr wichtig. Denn das eigentliche Geschenk in dem Augenblick war das Gefühl von Frieden und Freiheit in mir.

Die meisten Menschen sind so daran gewöhnt, ihrem Verstand zu folgen, ständig zu kämpfen, zu machen, zu tun und zu kontrollieren, dass unmittelbar Angst entsteht, wenn sie aufgefordert werden, einmal *nichts zu tun, zu akzeptieren* und sich dem Leben *zu überlassen.* Sie fürchten, dann wie ein Stein auf dem Boden zu liegen und hilflos der Welt ausgeliefert zu sein.

Wenn es dir nicht möglich erscheint, den Moment so zu akzeptieren, wie er ist, dann akzeptiere, dass du nicht akzeptieren kannst.

Ist deine vermeintliche Kontrolle in den allermeisten Fällen nicht sowieso nur eine Illusion? Denn abgesehen von deinen beiden Kräften – Aufmerksamkeit und Glaube – hast du nicht sehr viel Kontrolle. Du sagst nicht zu deinem Körper: »Die Zelle unten rechts teile sich bitte bei drei, zwei, eins, jetzt – und die Schilddrüse schütte in zehn Sekunden das Hormon XY aus.« Genauso wenig kontrollierst du, ob du morgen einen Unfall haben oder Krebs bekommen wirst. Wenn du erkennst, dass das Leben dich ohne dein Zutun bereits lebt, kannst du dich ebenso gut diesem Fluss überlassen. Denn meistens steht dein Verstand nur im Weg und erzeugt Leiden.

Als Thich Nhat Hanh vor Jahren nach Deutschland kam und ich seinen Vortrag übersetzen sollte, kam ich sehr geknickt an dem Veranstaltungsort an. Ein Freund war wenige Tage zuvor sehr plötzlich verstorben, und außerdem hatte ich am Tag zuvor eine große Forderung vom Finanzamt erhalten. Am Morgen des Vortrags bekam ich dann auch noch Zahnschmerzen, sodass ich mich vollends im Raum der Bedürftigkeit wiederfand. Ich haderte mit dem Leben und glaubte, dass sich die Umstände ändern müssten, damit es mir besser gehen könne. In diesem inneren Zustand setzte ich mich vor etwa 1000 Menschen auf die Bühne. Dann kam Thay lächelnd nach oben und nahm auf seinem Meditationskissen neben mir Platz. Die Meditationsglocke wurde zur Eröffnung eingeladen und der damals 82-jährige Zen-Meister schaute kurz zu mir rüber, bevor er seinen Vortrag mit den Worten begann: »Can you be happy now?« Ich übersetzte verdutzt den Satz für die Zuschauer ins Deutsche: »Kannst du jetzt glücklich sein?« Es war, als hätte Thay gesehen, dass ich mit meiner Aufmerksamkeit im Raum der Bedürftigkeit war und dadurch nicht wahrnahm, was im Hier und Jetzt bereits alles anwesend war – genug, um glücklich zu sein.

Wenn es dir schwerfällt, hier und jetzt glücklich zu sein, dann liegt es daran, dass du an irgendeiner Idee festhältst, was anders sein sollte. Du willst, dass das Buch fliegt und *akzeptierst* die Realität noch nicht so, wie sie ist. Wenn du an deinen Vorstellungen festhältst, dann ist dein innerer Aggregatzustand im wahrsten Sinne des Wortes fest. Deine Aufmerksamkeit hat sich verbissen in einen Gedanken und du glaubst ihm so sehr, dass du dich nicht davon trennen kannst. Zu akzeptieren bedeutet, deinen Aggregatzustand wieder flüssig oder – besser noch – gasförmig zu machen. Denn solange er fest ist, leidest du. Durch die Akzeptanz wirst du bereits etwas weicher und offener, und deine Fixierung beginnt sich zu lösen.

Falls »Akzeptanz« für dich nicht so gut funktioniert, um den inneren Aggregatzustand zu ändern, finde eine Haltung oder eine Umschreibung, die energetisch dasselbe meint. Hier sind einige Vorschläge. Versuche, sie während des Lesens direkt umzusetzen und zu trainieren:

- Ja: Sag ja zu dem, was ist.
- Erlauben: Erlaube der Realität, so zu sein, wie sie ist.
- Hingabe: Gib dich dem Leben hin.
- Entspannen: Entspanne dich in den Moment hinein.
- Annehmen: Nimm die Situation so an, wie sie ist.
- Öffnen: Öffne dich dem Hier und Jetzt.
- Loslassen: Lass deine Vorstellungen los.
- Vergebung: Vergib deinem Gegenüber, dem Augenblick und dir selbst.
- Frieden: Mach Frieden mit dir, dem Augenblick und deinen Mitmenschen.
- Flüssig/gasförmig: Verändere deinen Aggregatzustand und werde innerlich flüssig oder gasförmig.

Arbeit mit dem inneren Kind

Wenn es dir trotz allem schwerfällt, die Realität zu akzeptieren, dann liegt das wahrscheinlich daran, dass du dir bestimmte Gedanken über einen sehr langen Zeitraum hinweg antrainiert hast. Du wurdest von deinem Verstand über Jahre immer tiefer in den Raum der Bedürftigkeit hineingezogen. Diese einstudierte Perspektive hält dich nun in diesem Umfeld fest. Sie ist irgendwann zu deinem Muster geworden.

Ein Muster ist ein Zustand, in dem du dich sehr häufig befindest – ein Raum, den du regelrecht bewohnst. Du bist dann derart stark mit den dort herrschenden Gedanken und Stimmungen identifiziert, dass kaum ein Abstand zwischen dir und dem Raum erkennbar ist – so wie ein Fisch keinen Abstand zum Wasser hat. Die meisten Ereignisse in deinem Leben wirst du dann aus dieser Perspektive heraus erleben, so wie ich als Kind und junger Mann alles aus dem Minderwert-Raum heraus betrachtet habe. Ein Raum wird zu einem Muster, wenn du Erfahrungen aus der Vergangenheit – oft aus deiner Kindheit – in die Gegenwart überträgst. Was du irgendwann einmal erlebt hast, projizierst du ins Hier und Jetzt und nimmst dann dieselbe Perspektive wie damals ein.

Als ich vier Jahre alt war, reichte meine Mutter die Scheidung ein. Sie war in einem griechischen Dorf aufgewachsen und wurde mit fünfzehn Jahren verheiratet. Meine Eltern zogen recht bald als Gastarbeiter nach Deutschland, und meine Mutter stellte nach einigen Jahren fest, dass sie nicht länger mit ihrem Mann zusammenleben wollte. Weil für meinen Vater allerdings eine Trennung nicht infrage kam, entführte er meine beiden Brüder nach Griechenland. Ich sollte die beiden und meinen Vater erst als erwachsener Mann wiedersehen.

Als vierjähriger Junge konnte ich die Zusammenhänge nicht begreifen und schloss aus dem Weggang, dass ich nicht liebenswert genug sei, damit mein Vater und meine Brüder bei mir blieben. Im Laufe der Jahre benutzte mein Verstand diesen Glaubenssatz, diese Schablone, und übertrug sie auf alle möglichen Lebenssituationen. Ich trainierte regelrecht diese »Ich bin nicht liebenswert«-Kinderperspektive. So wurde der Minderwert-Raum mein Zuhause und das entsprechende Verhalten mein Muster.

Wenn du Ablehnung erfährst und den Gedanken »Ich bin nicht liebenswert« nur selten trainiert hast, dann bleibst du vermutlich auf der Schwelle zum Minderwert-Raum stehen und hast deswegen nur einen schwachen Eindruck von der Atmosphäre und dem Sound dieses Zustandes. Wenn du den Gedanken aber schon häufig geglaubt hast – so wie ich damals –, wirst du bei der geringsten und vielleicht auch nur gefühlten Ablehnung direkt eine sehr laute Stimme hören, die aus dem Minderwert-Raum ruft – und du wirst ihr folgen. Glaubenssätze können durch einmalige traumatische Erlebnisse entstehen oder durch ein kontinuierliches Training.

Die Arbeit mit dem inneren Kind ist ein Instrument, das dich darin unterstützen kann, aus solchen hartnäckigen Identifikationen herauszukommen. Besonders wenn du in den Mangelräumen von Minderwert und Bedürftigkeit festhängst, hat sie sich als Methode und Ausweg bewährt. Am Beispiel von Hülya werde ich dir jetzt Schritt für Schritt zeigen, wie du mithilfe der Inneres-Kind-Arbeit einen solchen Mangelzustand wieder verlassen kannst.

Achtsamkeit und Triggerpunkte

Auch hier beginnt es mit den Schritten der Achtsamkeit, damit zu erkennen, ob du identifiziert bist, und wahrzunehmen, wenn du wieder einen Ego-Raum betrittst. Wenn du nicht merkst, dass du in einem Raum wie dem der Bedürftigkeit steckst, kannst du dich auch nicht darum kümmern, wieder herauszufinden. Du wirst dann einfach aus dieser Perspektive heraus dein Leben weiterleben und den Zustand als – wenn auch unangenehme – Normalität ansehen. Deswegen sind die ersten beiden Schritte der Achtsamkeit so enorm wichtig: Du kommst ins *Hier und Jetzt* und *nimmst liebevoll wahr.* Mit ein wenig Übung wirst du die Dynamik deines Musters schneller erkennen können. Dann wirst du bereits an der Schwelle zum Raum feststellen: »Oh, ich bin kurz davor, in den Zustand der Bedürftigkeit (oder des Minderwerts ...) zu verfallen.« Dies so früh wahrzunehmen, ist bereits ein riesiger Fortschritt, selbst wenn du dich dann trotzdem in das Zimmer hineinziehen lässt. Das Bewusstsein darüber, dass es passiert, ist bereits der erste Schritt zur Heilung.

Die Gründe, weshalb du in den Zustand gehst, können vielfältig sein. Wir nennen diese Gründe Trigger. Es ist das englische Wort für »Auslöser«. Ein Trigger drückt bei dir einen Knopf und aktiviert dadurch bestimmte alte Gedanken. Trigger sind in der Regel Dinge, die dir widerfahren, oder Sätze, die du gesagt bekommst. Bei Hülya greifen vor allem zwei Trigger: Wenn sie krank ist und wenn sie Paare oder Familien sieht. Beides löst bei ihr den Gedanken aus: »Ich bin allein.« Und weil sie diesen Gedanken glaubt, bewegt sie sich umgehend in den Raum der Bedürftigkeit hinein.

Mein großer Trigger war jede Form von Ablehnung, egal ob real oder eingebildet. Aber auch eine bestimmte novembergraue

Wetterstimmung konnte den Knopf drücken, der mich dann in den Minderwert-Raum katapultierte. Trigger sind vielfältig und individuell. Etwas, das dem einen Freude bereitet, kann für jemand anderen ein Trigger sein.

Wenn der Trigger deine alten Gedankenmuster aktiviert hat, wird gleichzeitig dein inneres Kind aktiv – und zwar deshalb, weil diese alten Gedanken zu diesem kindlichen Anteil von dir gehören. Es ist nämlich dasselbe, was du als Vierjährige oder als Achtjähriger schon gedacht hast. Das innere Kind ist kein echtes Wesen, sondern eine Erinnerung. Deine Erinnerungen wurden im Verlauf des Lebens in deinem System abgespeichert: gedanklich, emotional und als Energie im Körper. Jedes Lebensalter ist dadurch immer noch präsent in dir. Wenn du 40 Jahre alt bist, dann hast du Erinnerungen eines fünfjährigen und eines zehnjährigen Kindes in dir. Was kein Problem ist, wenn diese Erinnerungen hilfreich sind und dir dazu verhelfen, ein freies und mitfühlendes Leben zu führen. Manche Erinnerungen tragen allerdings viel Leiden mit sich und beschränken dich dadurch enorm. Durch bestimmte Trigger können sich diese alten Erinnerungen wieder manifestieren. Auf Knopfdruck schießt also das innere Kind nach oben und übernimmt das Steuer. Es blickt jetzt durch deine Augen in die Welt. Das erwachsene Ich rutscht in den Hintergrund und ist kaum noch anwesend.

Das Setting der Kind-Arbeit

Die Inneres-Kind-Arbeit ist eine Meditation, die du entweder mit dir allein machen kannst oder angeleitet durch jemanden, der die entsprechende Erfahrung mitbringt. Unterstützung solltest du dir vor allem dann holen, wenn du dazu tendierst, dich sehr stark mit schwierigen emotionalen Zuständen zu identifizieren, und schon die Erfahrung gemacht hast, dass es dir kaum möglich ist, Distanz zu ihnen herzustellen.

Da Hülya feststellt, dass immer wieder ihr alter Glaubenssatz »Ich bin allein« getriggert wird, nimmt sie sich irgendwann Zeit und Raum, um damit zu arbeiten.

Sie findet eine bequeme Sitzposition, schließt die Augen und beginnt, mit der Aufmerksamkeit ihrer Atmung zu folgen. Egal was im Verlauf des Prozesses passieren wird: Ein Teil ihrer Aufmerksamkeit bleibt in Kontakt mit dem Atem und lässt ihn frei fließen. Sie hält die Luft nicht an, auch wenn starke Emotionen auftauchen sollten. Meine Atemlehrerin Tilke Platteel-Deur hat immer zu uns gesagt: »Wenn du den Atem festhältst, behältst du die alten Gefühle im Körper und in deinen Zellen.« Die Atmung im Fluss zu halten, wird daher auch Hülya in diesem Prozess helfen. Außerdem dient ihr der Atem als Anker, um präsent im *Hier und Jetzt* zu bleiben. Wenn das innere Kind auftaucht, will sich Hülya nicht komplett in ihm, in der Vergangenheit und den alten Emotionen verlieren. Es soll eine beobachtende Instanz bewusst bleiben und liebevoll zuschauen. Diese beobachtende Instanz hat die Energie einer liebevollen Mutter oder eines liebevollen Vaters, sie ist wie eine sehr verständnisvolle Freundin oder ein Therapeut.

Während Hülya ihrer Atmung folgt, *entspannt* sie den Körper so gut es geht. Falls ihr Körper während des Prozesses zittert, zuckt oder gähnen will, dann erlaubt sie das. Sie will nichts unterdrücken. Alles wird zugelassen und dennoch aus einer Distanz heraus beobachtet.

Die Trigger-Situation visualisieren

Hülya visualisiert die Situation, durch die sie getriggert wurde. Sie denkt an die Paare im Zug, stellt sich die Situation so gut wie möglich wieder vor und erlaubt, dass die damaligen Emotionen und Gedanken erneut auftauchen. Nachdem die Situation in ihr etabliert ist, stellt sich Hülya aus der beobachtenden Instanz heraus folgende Fragen:

1. Welche Emotionen sind anwesend? (Emotion)
2. Wo ist es am stärksten im Körper spürbar? (Körpergefühl)
3. Was ist der Gedanke? (Gedanke)
4. Wie verhältst du dich in der Situation? (Verhalten)

Hülya hält präzise fest:

1. Die Emotionen sind Einsamkeit und Trauer.
2. Am stärksten spürt sie es in der Brust als Druckgefühl.
3. Der Gedanke, den sie hat, ist: »Ich bin allein.«
4. Sie verhält sich gar nicht, sondern fühlt sich in der Situation wie betäubt und erstarrt.

Hülya erlaubt sich, für eine Zeit alle Emotionen, Gedanken und Körperempfindungen wahrzunehmen und zu erforschen. Dabei folgt sie nach wie vor auch ihrer freien Atmung. Wenn ihre Aufmerksamkeit abwandert, holt sie diese liebevoll zurück zu den Paaren im Zug, zu ihrer Trigger-Situation, die den Schmerz ausgelöst hat.

Die eigentliche Kind-Arbeit

Nun stellt die beobachtende Instanz in Hülya die nächste Frage: »Woher kennst du das, was da durch die Paare getriggert wird? Woher kennst du dieses Gefühl?«

Der Verstand wird auf diese Frage hin anfangen, das Gedächtnis zu scannen. Es geht jedoch nicht darum, zu viele Gedanken- und Erinnerungsprozesse zu aktivieren. Wir befinden uns ja nach wie vor in einer Meditation. Deswegen nimmt Hülya das Erste, was ihr in den Sinn kommt: Sie muss an einen Tag denken, als sie neun Jahre alt war und ihre Eltern nach einigen Wochen auf Besuch in der Türkei wieder abreisten. Die liebevoll beobachtende Instanz schaut jetzt auf die kleine Hülya, die da steht und sich gerade verabschiedet hat. An dieser Stelle tauchen bei Hülya starke Emotionen auf. Sie beginnt zu weinen und zu schluchzen. Ihr Köper zittert. Sie erlaubt das alles, ohne die Luft anzuhalten, und ein Teil von ihr schaut weiter aus der liebevollen Beobachterposition auf das innere Kind und seine Traurigkeit. Nachdem sie die Emotionen wirklich gefühlt hat, stellt Hülya dieselben Fragen wie bei der Trigger-Situation im Zug:

1. Was sind die Emotionen der Kleinen? – Trauer.
2. Wo fühlt sie es im Körper? – In der Brust und im Hals.
3. Was sind ihre Gedanken? – »Ich bin allein.«
4. Wie verhält sie sich? – Sie ist wie erstarrt.

Alle Antworten sind fast identisch mit denen zur vorherigen Situation im Zug. Daran erkennt Hülya, dass das alte Muster eins zu eins auf die Gegenwart übertragen wurde. Die Perspektive des inneren Kindes wurde exakt übernommen, obwohl das Ereignis bereits Jahrzehnte her ist. Das zeigt auch, dass das Bewusstsein keine Zeit kennt. Die abgespeicherten Emotionen können ungefiltert jederzeit auftauchen, wenn sie nicht irgendwann bearbeitet wurden.

Ich habe vor einigen Jahren mit einem Mann gearbeitet, der bereits über 80 war und als Kind in Dresden gelebt hatte. Während der Arbeit mit dem inneren Kind erinnerte er sich intensiv und körperlich spürbar an die Bombennächte am Ende des Krieges. Über 70 Jahre später tauchten bei ihm die Ängste wieder auf, als ob die Situation eben erst passiert wäre.

Den Mangel beseitigen

Im letzten Schritt stellt Hülya – aus der liebevollen Beobachterposition – die nächste Frage: »Was braucht die Kleine in der Situation, als ihre Eltern abreisen?«

Die Antwort steigt sofort in ihr auf: »Sicherheit und körperliche Nähe.«

Hülya visualisiert nun, wie sie sich dem inneren Kind vorsichtig und sanft nähert. Manche inneren Kinder sind ängstlich. Man muss den Kontakt langsam und geduldig herstellen, wie bei einem scheuen Tier. Hülya nimmt zuerst nur die Hand der Kleinen. Nach und nach erlaubt das innere Kind, dass Hülya es in den Arm nimmt. Hülyas innere Haltung ist dabei so, als ob sie sich um ihre eigene Tochter kümmern würde. (Vielleicht hilft es dir an der Stelle, ein Kissen in den Arm zu nehmen, um es besser fühlen zu können.)

Dann sagt Hülya ihrem inneren Kind genau das, was es braucht: »Ich bin da für dich. Ich gebe dir jetzt die Nähe und die Sicherheit, die du brauchst. Du bist jetzt nicht mehr allein.«

Dabei tauchen wiederum starke Emotionen auf. Hülya beginnt zu schluchzen, und dennoch folgt sie weiter ihrer

Atmung. Sie wiederholt die Sätze an das innere Kind immer und immer wieder. Erst denkt sie sie nur, dann spricht sie sie laut aus – beides ist möglich. Wichtig ist, dass die Worte nicht einfach nur heruntergespult werden, sondern dass sie wirklich so gemeint sind. Die neue Information wird solange nach innen gebracht, bis sich ein Gefühl von Frieden einstellt. Manchmal kann das innere Kind die neue Information noch nicht ganz annehmen oder glaubt sie nicht, weil es ja etwas anderes im Erfahrungsschatz gespeichert hat. Deswegen muss es mit dieser neuen Information immer wieder gefüttert werden, bis sie wirklich ankommt.

In der Regel reicht es nicht, diesen Prozess nur einmal zu machen. Erinnere dich: Alles ist Training, und Training bedeutet ständige Wiederholung. Du brauchst es nicht jedes Mal so ausführlich zu tun, wie hier beschrieben. Aber wenn du jeden Tag für zehn Minuten – nach dem Aufwachen oder vor dem Einschlafen – Kontakt zu deinem inneren Kind aufnimmst und ihm dabei genau das sagst, was es benötigt, wird es sich nach und nach entspannen. Dann wird es nicht mehr beim geringsten Trigger nach oben schießen und sich die Kontrolle über deine Wahrnehmung schnappen. Je mehr das innere Kind entspannt, desto mehr entspannst du.

Nachdem Hülya verstanden hatte, dass das Gefühl von Einsamkeit von ihrem inneren Kind stammt, nahm sie über mehrere Monate – jeden Tag für einige Minuten – Kontakt mit der kleinen Hülya auf. Sie sagte ihr dann, dass sie jetzt nicht mehr allein ist, und stellte sich dabei vor, wie sie die Kleine im Arm hält. Mit der Zeit wurde die schmerzhafte Emotion immer schwächer. Wenn Hülya heute Paare sieht oder sich krank fühlt, dann wird sie nicht mehr davon getriggert. Falls dennoch die Einsamkeit wieder mal hochkommt, weiß sie, dass es Zeit ist, sich wieder um das innere

Kind zu kümmern. Innerhalb von kürzester Zeit kann sie dann wieder aus dem Raum der Bedürftigkeit herauskommen.

Praktische Impulse

Dieses Buch fliegt nicht

Ob du die Realität akzeptierst oder nicht, lässt sich oft an deiner Beschwerdeenergie erkennen. Beobachte in deinem Alltag, ob und wann du dich beschwerst. Nimm es liebevoll wahr, ohne dich dafür zu verurteilen, und dann höre einfach auf damit. Lass immer wieder los und akzeptiere die Realität so, wie sie in dem Moment ist: Dieses Buch fliegt nicht!

Entwickle Dankbarkeit

Du kannst diesen Zustand am schnellsten verlassen, wenn du beginnst, Dankbarkeit zu erzeugen. Hier und jetzt sind bereits so viele Dinge anwesend, wegen denen du glücklich sein kannst – du musst sie nur sehen. Je mehr du die Aufmerksamkeit darauf lenkst, umso eher wirst du den Raum der Bedürftigkeit wieder verlassen. Führe daher ein Dankbarkeitstagebuch und schreib jeden Tag fünf Dinge auf, für die du dankbar bist – immer andere natürlich. Es muss nichts Riesiges sein. Thay hat oft zu uns gesagt: »Keine Zahnschmerzen zu haben, ist bereits ein Grund dankbar zu sein.«

Inneres-Kind-Arbeit

Wenn du wiederkehrende Muster wahrnimmst, hast du sie wahrscheinlich schon seit deiner Kindheit trainiert. Vor allem, wenn du dich oft in den beiden Mangelräumen Minderwert und Bedürftigkeit aufhältst, bietet sich die Arbeit mit dem inneren Kind an. Übe regelmäßig mit deinem inneren Kind, bis es sich immer mehr entspannt und ihr gemeinsam in der Fülle statt in der Bedürftigkeit lebt.

Die Schritte der Inneres-Kind-Arbeit sind:

- Du kommst ins Hier und Jetzt und nimmst liebevoll wahr, was ist.
- Du nimmst wahr, wie dein Atem fließt, und lässt einen Teil deiner Aufmerksamkeit beständig dort.
- Du visualisierst die Situation, die den Schmerz der Bedürftigkeit in dir ausgelöst hat: den Trigger.
- Du fragst dich, woher du diese Gefühlszustände kennst, die sich hier zeigen. Du nimmst dort Kontakt zum inneren Kind auf, das sich in dieser Trigger-Situation zeigt.
- Du gibst dem inneren Kind mit Worten und mit liebevoller Zuwendung genau das, was es damals gebraucht hätte.

Der Raum der Bedürftigkeit im Überblick

Zustand

Hier wird ein Zustand erlebt, der von einem Mangel begleitet wird. »Ich brauche ...!« ist der zentrale Satz. Hier glauben wir, nicht genug zu haben oder zu bekommen, mehr verdient zu haben oder zu kurz zu kommen. Wir meinen, nicht gesehen oder nicht respektiert zu werden. Wir leben im Beschwerdemodus und letztlich auf der unentwegten Suche nach Anerkennung.

Gedanken · Glaubenssätze

- Ich brauche es unbedingt!
- Ich komme (immer) zu kurz.
- Alle anderen haben mehr.
- Nie ich, immer die anderen.
- Ich habe nicht genug.
- Das ist nicht fair.
- Ich werde nicht gesehen/respektiert/verstanden.
- Ich bekomme nie das, was ich will/was mir zusteht/was ich mir wünsche.
- Es reicht nie.
- Ich muss immer alles schlucken/hinnehmen.
- Ich muss Dinge tun, die ich nicht tun will.
- Ich werde übersehen.
- Es ist ungerecht.
- Ich verstehe die anderen nicht und sie mich nicht.
- Ich werde hintergangen.
- Ich werde nicht ernst genommen.
- Sieh mich!

Emotionen

- Leidend, bedürftig, verlangend, fordernd, trotzig, frustriert, neidisch, einsam, hilflos, enttäuscht, depressiv, misstrauisch.
- Leicht kränkbar, schnell beleidigt, verärgert, wütend, empört, eifersüchtig.
- Fühlt sich ungerecht behandelt und hintangestellt.
- Große Sehnsucht nach Bestätigung und Anerkennung.

Handlungsmuster

- Beschwerdemodus.
- Kritisiert, attackiert, vergleicht sich, konkurriert, macht Vorwürfe, kämpft um mehr.
- Entwickelt Verschwörungstheorien.
- Keine hohe Toleranzgrenze.
- Setzt sich in Szene, um wahrgenommen zu werden.

Ausweg

- Akzeptieren, was ist.
- Beobachten der Tendenz, sich zu beschweren oder zu lästern.
- Dankbarkeit entwickeln.
- Arbeit mit dem inneren Kind.
- Erkennen der Wahrheit in Byron Katies Aussage: »Wenn ich ein Gebet hätte, dann wäre es dies: Gott, bitte verschone mich vor dem Wunsch nach Liebe, Anerkennung und Wertschätzung. Amen!«

Raum vier
Der Hybris-Raum

Manchmal ertappe ich mich dabei, wie ich eine Dankesrede für einen Preis halte. Oder ich sehe mich, wie ich im Bundestag spreche, weil ich finde, dass meine Meinung medial weit verbreitet werden sollte.

Marlene, Mitte 40

Ich verurteile andere, wenn sie sich gehen lassen. Dann denke ich: »Das kann doch wohl nicht wahr sein! Wie kann man sich denn so einen dicken Bauch anfressen?« Oder: »Mit solchen Beinen kann man doch nicht in kurzen Hosen herumlaufen!« Die spazieren aber glückselig durch die Stadt, und ich begreife es einfach nicht.

Ursula, Mitte 60

Unsere Tage im Kloster waren bis zum Abend durchstrukturiert. Die Glocke zum Aufstehen läutete morgens um 4.30 Uhr. Um 5 Uhr begann die erste Sitzmeditation. Pünktlichkeit wurde erwartet, um die anderen nicht bei der Praxis zu stören. Ab 21 Uhr schwiegen wir, und spätestens um 21.30 Uhr lag ich im

Bett. Ich hielt den Stundenplan präzise ein. Einerseits folgte ich den Klosterregeln so genau, weil ich merkte, wie gut es mir tat, wenn ich Achtsamkeit übte. Andererseits war ich noch ziemlich häufig im Minderwert-Raum unterwegs und wollte unbedingt bei der Gemeinschaft einen guten Eindruck hinterlassen. Zur Erinnerung: Wenn du dich im Minderwert-Raum befindest, ist Kritik nur schwer auszuhalten – die Disziplin sollte mich genau davor bewahren.

Indes war Minderwert nicht der einzige Raum, in dem ich mich aufhielt. Ich konnte auch einen Zustand von beachtlicher Überheblichkeit betreten. Zum Beispiel gegenüber Aaron. Aaron war Amerikaner und schlief in meinem Zimmer. Über ihn besaß ich eine sehr klare Meinung: Aaron hatte gar keine Disziplin! Er kam ständig zu spät, blieb nachts sehr lange wach, um sich (trotz der vorgeschriebenen Stille) zu unterhalten, verpasste dann (natürlich) regelmäßig die morgendliche Meditation und aß jeden Tag haufenweise Süßigkeiten. In meiner klösterlichen Askese wurde ich zum wandelnden Mahnmal gegen seinen Müßiggang. Meine Hinweise ihm gegenüber waren subtil und dennoch eindeutig. Eine kleine Bemerkung nach der Morgenmeditation, wenn ich zurück aufs Zimmer kam und er gerade die Augen öffnete – »Oh, schon wach?« –, machte klar, was ich von seiner Praxis hielt. Jeder Keks, jedes Eis und jedes Stück Schokolade, das er verzehrte, wurde von mir mit einem milden Lächeln kommentiert. Und ich berichtete auch meinen anderen Zimmergenossen augenrollend davon, wie unachtsam Aaron schon wieder war. Zu meiner großen Verblüffung wechselte Aaron irgendwann das Zimmer. Ich erfuhr einige Wochen später von jemandem, dass er es einfach nicht länger mit mir ausgehalten hatte.

Wie du in den Hybris-Raum hineingerätst

Hybris bezeichnet im Griechischen einen Zustand der Anmaßung. In diesem Raum ist alles größer, besser und prunkvoller als in anderen Räumen. Wenn du dich im Hybris-Raum befindest, stellst du dich mit der allergrößten Selbstverständlichkeit über andere Menschen. Genauso sind dann für dich auch Tiere oder Pflanzen nur dazu da, um deine Bedürfnisse zu befriedigen. Deine Gedanken sind selbstgefällig: »Ich weiß es besser!« »Ich kann es besser!« »Es steht mir zu!« »Ich habe recht!« Die vorherrschenden Emotionen sind Stolz, Ärger, Ungeduld und Einsamkeit. In diesem Zustand verhältst du dich herablassend, genervt, egozentrisch, rachsüchtig, sarkastisch ... und dann wieder wohlwollend, wenn man tut, was du verlangst. Trotz deiner Geringschätzung erwartest du den Beifall und die Bewunderung der anderen. Falls sie dich nicht bewundern, dann sollen sie gefälligst Respekt vor dir haben, und wenn nötig wirst du ihnen auch Angst einflößen. Gegen Ratschläge bist du resistent. Von außen wirst du als arrogant, besserwisserisch, aggressiv, narzisstisch, zickig und herrisch wahrgenommen.

Folgt die Aufmerksamkeit deinem Verstand in diesen Raum hinein, dann passt dir in der Regel die Meinung oder das Verhalten von jemandem nicht. Dein Umfeld wird ständig be- und verurteilt. Du kannst Menschen abwerten, weil sie – deiner Ansicht nach – zu wenig erreicht haben in ihrem Leben, nicht die angemessene Kleidung tragen, einen »minderwertigen« Beruf haben, nicht im richtigen Verein sind, deine Meinungen nicht teilen oder dir nicht intellektuell genug erscheinen. Du hingegen wirst bei jeder Gelegenheit deine Erfolge aufzählen oder erwähnen, was du alles erlebt hast, was du kannst und besitzt. Du fühlst dich vielleicht so brillant, weil du dich besonders intelligent findest, viel Geld besitzt, einen bestimmten Beruf hast oder Amt und Würden trägst. Möglicherweise bist du stolz auf deine Abstammung oder Nationalität. Vielleicht hältst du dich auch für so wichtig, weil du viele bedeutende Persönlichkeiten kennst oder weil du glaubst, besser auszusehen als der Durchschnitt der Bevölkerung.

In diesem Raum sprichst du abfällig über andere. Du verdrehst die Augen und hast schnell einen zynischen Kommentar parat, weil du denkst, dass dein Gegenüber Unsinn redet oder sich nicht so verhält, wie es dir passt. Du kannst jemanden auch laut attackieren, der es wagt, eine andere Meinung zu haben. Wenn Worte nicht dein Instrument sind, schlägst du mit der Faust zu, so wie ein Hooligan, der dadurch zeigen will, dass er der Stärkere ist. Die Verhaltenspalette in diesem Zustand ist sehr breit gefächert. Von stiller Überheblichkeit bis zur extremen körperlicher Gewalt ist alles dabei.

Wolfgang ist Mitte 60 und war viele Jahre im Hybris-Raum unterwegs:

> Ich wollte unbedingt in jeder Auseinandersetzung gewinnen. Ich wollte der Stärkste in der Diskussion sein und immer als derjenige hervorgehen, der recht hat. Für mich stand im Vordergrund, den anderen niederzumachen. Das war mir wichtig. Ich steckte Leute schnell in Schubladen. Entweder wegen des Erscheinungsbildes oder aufgrund der Art, wie sie sich äußerten. Dann waren die Leute direkt erledigt für mich. Die hatten keine Chance mehr. Das ist mittlerweile besser geworden. Ich habe mir aber richtig abgewöhnen müssen, Leute niederzumachen.

Im Hybris-Zustand kannst du zu einem Diktator werden. Die Überheblichkeit findet vielleicht nur in deinem Kopf statt, weil du dich nicht traust sie auszuleben. Doch wenn du tief genug in diesen Raum gleitest und die Möglichkeit bekommst, wirst du versuchen, Macht über andere auszuüben und ihnen deinen Willen aufzwingen. Diese Übergriffe geschehen oft mit der größten Selbstverständlichkeit, und jeder Widerstand von außen erzeugt Unverständnis, weil du dich so vollkommen im Recht fühlst – so wie ich bei Aaron. Kompromisse sind nicht dein Ding in diesem Raum. Es soll nach deiner Façon laufen. Wenn es sein muss, lässt du lieber den ganzen Laden vor die Wand fahren als nachzugeben. Bestimmte gesellschaftliche Kreise oder Berufsgruppen zelebrieren den Hybris-Raum regelrecht und fördern dadurch ein selbstherrliches Verhalten. Zum Beispiel in der Unternehmensberatung – wie Anne berichtet:

> Es gehört in meinem Job dazu, dass man arrogant ist. Das wird gefüttert in dem System. Uns wurde beigebracht: »In der Beratung seid ihr best people.« Das heißt natürlich: besser als die Kunden, die wir beraten. Und wenn irgendjemand zum Kunden wechselt, dann sagen alle: »Oh Gott, so ein Loser.« Klingt witzig, aber diese Haltung gibt es. In der Unternehmensberatung hast du ein »Up or out«-Prinzip. Entweder wirst du alle zwei Jahre befördert oder du fliegst raus. Das heißt diejenigen, die am längsten dabei sind, sind die Besten und fühlen sich auch so. Dann kommen natürlich die ganzen Statussymbole dazu, die das auch noch füttern. Ich stand irgendwann einmal in Frankfurt auf der Straße und wartete darauf, dass ein Firmenwagen kommt, um mich abzuholen. Und dann kam da irgendein Typ mit einem Golf. Ich war baff! Für mich existierten nämlich nur Mercedes, BMW und Audi.

Unternehmensberaterin Anne hatten wir bereits im Minderwert-Raum kennengelernt. Genau wie ich zog sie immer wieder zwischen Minderwert- und Hybris-Raum hin und her. Diese Raumkombination kommt recht häufig vor. Denn sowohl die

Mangel-Räume – Minderwert und Bedürftigkeit – als auch der Hybris-Salon befinden sich in demselben Flügel des Ego-Hauses. Es ist derselbe Glaubenskosmos. Du bist hier Anhänger einer Weltanschauung, die davon überzeugt ist, dass es ein Besser-als und ein Schlechter-als gibt. Dementsprechend ordnest du dich selbst und andere Menschen ein: »Ich bin besser als …, weil ich reicher, intelligenter, schöner, fähiger bin oder weil ich zu dieser Gruppe, Nationalität oder Religion gehöre.« Empfindest du dich allerdings »schlechter als«, dann wirst du natürlich versuchen, das so schnell wie möglich zu ändern. Deswegen ist der Hybris-Zustand ein Seitentrakt der Kontrolle – du versuchst, die Umstände so zu kontrollieren, zu verändern oder auch zu manipulieren, dass du dich wieder »besser als« sehen kannst. Es fühlt sich besser an, in den Hybris-Raum zu flüchten und andere abzuwerten, als selbst abgewertet zu werden. Nach dem Motto: »Solange ich nicht so schlimm bin wie der/die, geht es noch.«

Vielleicht wechselst du aber nicht aus Angst vor Minderwert in den Hybris-Raum, sondern weil deine Kontrolle nicht greift und etwas nicht so funktioniert, wie du es dir vorgestellt hast. So passiert es oft bei Caroline, der Leiterin einer Agentur:

> Wenn ich den Eindruck habe, dass mein Ansprechpartner oder Mitarbeiter nicht so richtig kompetent ist, dann werde ich ganz arrogant und bin sehr rational und kalt. Ich schneide mich regelrecht von meinem Körper ab und spüre mein Herz nicht mehr, sondern bin nur noch im Kopf. Es kommen solche Gedanken wie: »Ich kann das nur allein! Ich weiß am allerbesten, wie es geht.« Ich muss dann aufpassen, was ich sage. Sonst kommen da Sätze wie: »Sie sind falsch in Ihrem Job und beim nächsten Mal bitte: Augen auf bei der Berufswahl!« Es fühlt sich sehr einsam an. Doch wenn ich in diesen Gefühlen der Arroganz und des Ärgers bleibe, ziehe ich das Programm bis zum Ende durch.

Schlimm wurde es, als ich mit Menschen zusammengearbeitet habe, die auch so sind. Wir haben dann so einen narzisstischen Raum geschaffen, wo man sich die Bälle zuspielt. Wir fühlten uns sehr speziell: »Die anderen haben ja keine Ahnung, aber wir wissen, wie es geht.«

Mona hatten wir bereits im Kontroll-Raum getroffen. Sie wechselt ebenfalls in den Hybris-Zustand, wenn sie mit Kontrolle allein nicht weiterkommt:

Ich bin sehr effizient und weiß, wie ganz bestimmte Dinge am besten gemacht werden. Zum Beispiel sät man die Tomaten so aus, und den Kühlschrank putzt man so und nicht anders. Ich halte mich auch für eine super Spülmaschinen-Einräumerin, weil ich genau weiß, wo noch etwas reinpasst. Und wenn jemand es anders macht, denke ich ganz oft: »Oh Gott, ist die unfähig! Das hätte besser ich gemacht!« In diesem Zustand bin ich schnell wütend und sehr ungeduldig. Ich glaube, dass ich dann kaum zu ertragen bin. Ich mache Vorwürfe, nehme meinem Gegenüber die Dinge aus der Hand und mache es ruck, zuck selber, was natürlich für den anderen besonders schlimm ist.

Kollektive Hybris

Befindest du dich im Hybris-Raum und hast Einfluss auf andere Menschen, sei es als Elternteil, Erzieher, Chef, CEO oder Staatsoberhaupt, bedeutet dies zwangsläufig Leiden für deine Umwelt. Die Auswirkungen auf das Leben der Betroffenen können gravierend sein. Vielleicht maßregelst du deine Kinder oder demütigst deine Mitarbeiter. Unsere Geschichtsbücher sind voll mit Machthabern, die im Hybris-Raum zu Hause waren und aus diesem Zustand heraus Terror verbreiteten. Sie können mit der größten

Selbstverständlichkeit Menschen, Tiere oder die Umwelt ausbeuten oder auch ein Unternehmen ruinieren, weil sie in ihrer Überheblichkeit nicht in der Lage sind, auf andere Meinungen zu hören.

Staatsoberhäupter werden in diesem Zustand versuchen, unter allen Umständen an der Macht zu bleiben, denn schließlich glauben sie, dass sie die Besten auf dem Posten sind und folglich unersetzbar. Dabei ist es dann häufig egal, wie hoch der Preis dafür ist: wie viele Gesetze gebogen oder gebrochen werden müssen und wie viele Menschenleben es eventuell sogar kostet.

Je tiefer du in diesen Raum hineingehst, desto weniger Mitgefühl oder Anteilnahme ist vorhanden. In jedem der Bewusstseinsräume hältst du die eigene Perspektive für die ultimative Wahrheit. Auch im Minderwert-Raum bist du zu einhundert Prozent davon überzeugt, »nicht gut genug zu sein«. Dort geht deine Wut vor allem nach innen. Bist du jedoch im Hybris-Raum, richtet sich deine Gewaltbereitschaft nach außen. Ärger ist die vorherrschende Emotion. Betrittst du diesen Zustand mit einer Gruppe Gleichgesinnter, wird sich die Aggression um ein Vielfaches potenzieren. Es kann sich daraus ein regelrechter Mob bilden, der dann skrupellos und ohne Erbarmen versucht, seine Ziele durchzusetzen.

Die Hybris-Gruppe ist immer davon überzeugt, dass die eigenen Ansichten und Attribute wichtiger sind als die der anderen. Man befindet sich schließlich in einem »Besser-als«-Zustand. Aus diesem Raum heraus werden andere Personen oder Gruppen abgewertet, attackiert, ausgegrenzt und verfolgt. Je nach dem Glaubenskonzept des Kollektivs wird eine bestimmte politische Ansicht, Nationalität, ethnische oder religiöse Zugehörigkeit als hochwertiger angesehen. Dementsprechend werden die Hautfarbe, das Geschlecht, die sexuelle Orientierung, die Ansichten oder die familiäre und soziale Herkunft von anderen abgewertet.

Der Hybris-Raum kann auch eine offene Tür zum Raum der Bedürftigkeit haben. Die Gruppe hat dann den Glauben: »Wir kommen zu kurz, die anderen nehmen uns alles weg« (Bedürftigkeit), um sich dann selbst zu nehmen, was ihnen vermeintlich zusteht (Hybris). Das Hybris-Kollektiv diskriminiert, überschreitet körperliche Grenzen und schreckt auch vor Mord nicht zurück. In diesem Raum wird jeder Fanatismus geboren. Der Nationalsozialistische Untergrund (NSU) und die Rote Arme Fraktion (RAF) sind zwei Beispiele dafür, wie fanatische Gruppen es als ihr gutes Recht ansehen können, Menschen skrupellos zu ermorden. Wechselt allerdings der Großteil einer Nation in den Hybris-Zustand, dann kann ein Krieg ausgelöst werden. Die Mehrheitsgesellschaft des Landes wird versuchen, sich – ganz selbstverständlich – mehr Platz zu nehmen, andere Länder anzugreifen und zu unterwerfen.

Wie du aus dem Hybris-Raum herausfindest

Karl kommt zu mir, weil er von einem Freund dazu gedrängt wurde. Seine ehemalige Partnerin hat ihn bei der Polizei angezeigt. Der Vorwurf: monatelang andauerndes Stalking. Karl lauere ihr ständig vor der Haustür auf und bombardiere sie mit E-Mails, Textnachrichten und Telefonaten. Er bestreitet keinen der erhobenen Vorwürfe, fühlt sich aber unschuldig. Denn er glaubt, dass es sein gutes Recht sei, sie zu sehen. »Ich mache ja nichts, sondern will nur mir ihr reden«, sagt er in einem kühlen, sachlichen Ton immer wieder. Er kann nicht nachvollziehen, warum seine Expartnerin sich von ihm getrennt hat. Ihre

Begründungen wischt er als Unsinn vom Tisch. Er sieht praktisch keine Verantwortung bei sich: »Jeder macht mal Fehler«, und seiner Meinung nach ist vor allem seine Expartnerin schuld an den häufigen Auseinandersetzungen in der Vergangenheit.

Karl wechselt zwischen den Räumen Bedürftigkeit und Hybris hin und her. Er sieht sich als Opfer und beklagt sich über das Verhalten seiner früheren Partnerin (Bedürftigkeit). Gleichzeitig findet er, dass es sein gutes Recht sei, Kontakt mit ihr zu haben, so als ob sie sein Privatbesitz wäre (Hybris).

In ihrem Buch *Lieben, was ist* unterscheidet Byron Katie zwischen drei Angelegenheiten:

1. Meine Angelegenheit. Jeder ist immer nur zuständig für seine eigene Angelegenheit.
2. Deine Angelegenheit. Du bist zuständig für deine Angelegenheit.
3. Die Angelegenheit von Gott oder dem Universum. Hierzu zählen das Wetter, Erdbeben, Sintfluten und Ähnliches.

Mit diesem Wissen arbeite ich mit Karl heraus, dass er erkennt, wo seine Angelegenheit anfängt und wo sie aufhört:

»Wessen Angelegenheit ist es, ob du jemanden treffen willst?«

Karl überlegt kurz und sagt: »Das ist meine Angelegenheit.«

»Wessen Angelegenheit ist es, ob ich jemanden treffen will?«

Karl: »Deine.«

»Und wessen Angelegenheit ist es, ob deine Expartnerin jemanden treffen will?«

Pause. Karl überlegt.

»Ihre?«

»Ja genau, ihre.«

Das Leben wird so viel einfacher, wenn du erkennst, wo deine Angelegenheit aufhört und die deines Gegenübers beginnt. Denn du kannst immer nur für deine eigene Angelegenheit Verantwortung übernehmen. Sobald du dich in die Angelegenheit eines anderen einmischst, erzeugst du sofort Stress und Leiden bei dir selbst und beim anderen. Befindest du dich im Hybris-Raum, bist du fast immer auch in den Angelegenheiten der anderen. Denn du meinst, es besser zu wissen. Wenn du allerdings erkennst, in wesen Angelegenheit du grade herumstöberst, kann das der erste Schritt sein, den Hybris-Raum zu verlassen.

Vielen fällt die Einschätzung schwer, was wessen Angelegenheit ist. Hier ein paar Beispiele:

- »Wessen Angelegenheit ist es, was mein zehnjähriger Sohn anzieht?« »Da du die Sachen in der Regel bezahlst, ist es deine Angelegenheit, wie viel Geld du dafür ausgibst und ob du findest, dass sie für ein Kind angemessen sind. Aber es ist von Tag zu Tag seine Angelegenheit, ob er sie anziehen will und in welcher Kombination.«
- »Wessen Angelegenheit ist es, ob und mit wem meine 16-jährige Tochter Sex hat?« »Ihre. Es ist deine Angelegenheit, ihr deine Sorgen und Bedenken mitzuteilen, falls du welche hast. Aber es bleibt ihre Angelegenheit, ob und mit wem sie Sex hat.«
- »Wessen Angelegenheit ist es, wenn mein Kollege seine Arbeit nicht erledigt?« »Seine und die eurer Chefin.«
- »Wessen Angelegenheit ist es, wenn meine alkoholkranke Partnerin wieder anfängt zu trinken?« »Ihre. Aber es ist deine Angelegenheit, wie du darauf regierst und ob du weiter mit ihr zusammenbleibst oder nicht.«

Byron Katie und The Work

Die nun schon oft erwähnte Autorin und spirituelle Lehrerin Byron Katie war über zehn Jahre lang depressiv und konnte die letzten Jahre sogar ihr Schlafzimmer nicht mehr verlassen. Dann wachte sie eines Morgens auf – doch nicht nur ihr Körper erwachte, sondern auch ihr Geist. Nach den jahrelangen Depressionen und Angstzuständen begriff sie von einem Moment auf den anderen: »Wenn ich meinen Gedanken glaube, dann leide ich, und wenn ich meine Gedanken hinterfrage, hört das Leiden auf.« Die Methode, die sie seit dieser Erfahrung lehrt, nennt sie The Work. Und zwar deswegen, weil es eine fortwährende Arbeit ist zu hinterfragen, ob unsere Gedanken und Perspektiven tatsächlich wahr sind. Im Folgenden möchte ich dir Byron Katies Methode vorstellen, weil sie ein hervorragendes Instrument ist, die Ego-Räume und damit auch den Hybris-Raum zu verlassen.[7]

Ich ordne The Work dem dritten Schritt der Achtsamkeit zu – akzeptieren, was ist –, den wir uns zum Raum der Bedürftigkeit schon genauer angeschaut hatten. The Work kann dir helfen, die Wahrheit zu sehen, und durch deine Erkenntnis stellen sich automatisch Akzeptanz und Frieden ein. Doch um Byron Katies Methode anzuwenden, sind die beiden ersten Schritte der Achtsamkeit – ins Hier und Jetzt kommen sowie liebevoll wahrnehmen, was ist – unerlässlich. Du musst zuerst feststellen, was du gerade denkst und woraus dein Leiden resultiert. Du musst das Urteil, das dich selbst schmerzt, erst einmal im Hier und Jetzt wahrnehmen, um es dann mit The Work präzise untersuchen zu können.

Wenn du noch nicht so geübt bist, kann es sein, dass du den Gedanken, der dich leiden lässt, gar nicht siehst. Möglicherweise denkst du, dass du an einem Gefühl leidest. Du nimmst schließlich eine bedrückende Emotion wahr oder ein beengtes Körpergefühl.

Trotzdem ist es immer so, dass ein bestimmter Gedanke anwesend sein muss, damit du überhaupt leiden kannst. Manchmal sind die Gedanken und die dazugehörigen Perspektiven schon sehr alt, und du bist so stark damit identifiziert, dass du nun Schwierigkeiten hast, sie zu erkennen. Die Gedanken sitzen dir dann direkt auf der Nase und sind deswegen nicht für dich sichtbar. Darum ist es so wichtig, immer wieder Abstand zum Verstand zu schaffen. Wenn du frei sein willst, ist es deine wichtigste Aufgabe, immer neu wahrzunehmen, welcher Gedanke in dir gerade Leiden erzeugt.

Sobald du den Gedanken identifiziert hast (und je mehr Übung du hast, desto schneller wird es dir gelingen), weißt du auch direkt, in welchem Raum des Ego-Hauses du dich befindest. Vier davon kennst du ja bereits recht gut:

Im Hybris-Raum willst du herrschen und hast Gedanken, die andere abwerten:

- »Sie ist nicht gut in ihrem Job.«
- »Er ist zu dick.«
- »Sie soll gefälligst darauf hören, was ich sage.«

Du wertest zwar die anderen ab – aber leiden tust trotzdem du selbst. Du brauchst nur mal hineinzuspüren, wie es dir mit solchen Gedanken geht. Wie fühlt sich das an, jemanden abzuwerten? Und: Tust du es auch, wenn es dir gut geht?

Im Raum der Bedürftigkeit bist du davon überzeugt, dass dir etwas von außen fehlt:

- »Das reicht nicht.«
- »Ich brauche ihre Aufmerksamkeit.«
- »Das ist nicht fair!«

Im Minderwert-Raum bist du davon überzeugt, dass dir selbst etwas fehlt:

- »Mein Körper ist nicht attraktiv genug.«
- »Meine Fähigkeiten reichen nicht.«
- »Irgendetwas stimmt nicht mit mir.«

Im Kontroll-Raum glaubst du, dass es ohne dich und deine Anstrengung nicht geht:

- »Es muss perfekt sein.«
- »Wenn ich nicht aufpasse, wird etwas Schlimmes passieren.«
- »Ich muss funktionieren.«

Der Gedanke, der dein Leiden erzeugt, ist immer ein Urteil: über andere, über das Leben, über dich oder über deinen Körper.

Hast du das Urteil wahrgenommen, das dich leiden lässt, beginnst du mit The Work. Dabei stellst du dir immer wieder die Situation vor, als der Gedanke den stärksten Einfluss auf dich hatte. Ähnlich wie bei der Inneres-Kind-Arbeit gehst du innerlich zu dem Ort, wo du am meisten gelitten hast. Zum Beispiel:

- Du stellst dir wieder das Gespräch mit deiner Chefin vor, das dich so geärgert hat.
- Du denkst an den Brief mit der Rechnung, die du zahlen sollst.
- Du visualisierst die Situation, wo du auf einer Party der einzige Single im Raum warst.

Du stellst dir nun vier simple Fragen zu deinem Gedanken. Danach drehst du deinen Glaubenssatz einfach um. Es hilft – gerade als Anfänger – den ganzen Prozess schriftlich zu machen. Außer es begleitet dich jemand hindurch, wie ich es dir gleich zeigen werde.

Die vier Fragen sind:

1. Ist das wahr?
2. Kannst du mit absoluter Sicherheit wissen, dass es wahr ist?
3. Wie reagierst du, was passiert, wenn du diesen Gedanken glaubst?
4. Wer wärst du ohne den Gedanken?

Ich möchte den Prozess anhand von Karls Geschichte erläutern:

Karl sagt mir, dass er an dem Satz leidet: »Marion soll mit mir sprechen.« Denn sie tut es nicht, was immer er auch versucht. Er schließt nun die Augen und stellt sich die Situation vor, in der dieser Satz sehr stark in ihm war: Er steht vor dem Haus seiner Expartnerin. Sie kommt raus und sagt ihm in einem lauten Ton, dass sie nicht mit ihm reden will. Dann geht sie einfach weiter.

Ich stelle die erste Frage: »In dieser Situation vor der Haustür – Marion soll mit dir sprechen. Ist das wahr?«

Karl antwortet: »Ja.«

Ich stelle die zweite Frage: »Kannst du mit absoluter Sicherheit wissen, dass das wahr ist: Marion soll mit dir sprechen?«

Karl, mit dem ich anfangs besprochen hatte, dass The Work ein meditativer Prozess ist und er sich viel Zeit lassen kann, wird ruhiger und überlegt. Dann wiederholt er: »Ja.«

Ich stelle die dritte Frage: »Wie reagierst du, was passiert, wenn du den Gedanken glaubst, Marion soll mit dir sprechen – und sie tut es nicht?«

Karl antwortet: »Ich bin wütend und versuche sie zu zwingen, mit mir zu reden. Ich laufe hinter ihr her und schreie sie an.

Und nun die vierte Frage: »Marion soll mit dir sprechen – wer wärst du ohne diesen Gedanken. Du bist in der gleichen Situation – stell dir vor, der Gedanke betritt nicht dein Wahrnehmungsfeld. Und selbst wenn er auftaucht, wendet sich deine Aufmerksamkeit ihm jetzt nicht zu. Wer wärst du ohne den Gedanken?«

Karl schließt wieder die Augen und nimmt sich Zeit. Dann sagt er: »Ich wäre freier und würde es akzeptieren. Ich wäre nicht mehr so wütend.«

»Mit dem Gedanken bist du wütend und ohne den Gedanken bist du freier?«

Karl nickt, und ich ergänze: »Wie kann dann Marion das Problem sein? Das Problem ist, was du über sie denkst. Deine Gedanken sind die Schwierigkeit, nicht das, was sie sagt oder tut.«

Nachdem die vier Fragen beantwortet wurden, drehen wir den ursprünglichen Satz um. Bei The Work geht es nicht darum, dass etwas richtig oder falsch ist. Wir wollen schlichtweg die Wahrheit erforschen und nicht direkt das Erstbeste glauben, was unser Verstand uns erzählt – denn du weißt mittlerweile, dass er nicht der vertrauensvollste Freund ist. Zumindest so lange nicht, wie wir ihn nicht hinterfragt haben.

Wenn du einen Gedanken glaubst, den dein Verstand kreiert hat, blickst du in eine bestimmte Ecke. Das ist dann deine Perspektive. Du bist davon überzeugt, dass in dieser Ecke die Wahrheit liegt. So wie Karl davon überzeugt war, dass Marion mit ihm reden soll. Es gibt aber noch andere Perspektiven, die auch wahr sein könnten. Darum schaust du mithilfe der Umkehrungen nun in andere Ecken und überprüfst, ob hier vielleicht auch Wahrheit liegt.

Es gibt immer verschiedene Möglichkeiten, einen Gedanken umzudrehen. Der Ursprungsgedanke von Karl ist: »Marion soll mit mir sprechen.« Die erste Umkehrung ist das direkte Gegenteil: »Marion soll nicht mit mir sprechen.« Du solltest immer versuchen, drei Beispiele zu finden, weswegen eine Umkehrung wahr sein könnte. Warum? Für deine ursprüngliche Perspektive wird dir der Verstand zig Beispiele nennen, weswegen sie richtig und wahr ist. Deswegen musst du nun deine Aufmerksamkeit eine Zeit lang in der anderen Ecke halten, damit die Wahrheit sich auch hier offenbaren kann.

Karl findet nach einigem Herumtasten in dieser neuen Perspektive folgende Gründe, warum die Umkehrung »Marion soll nicht mit mir sprechen« für ihn auch wahr ist:

1. »Sie soll nicht mit mir sprechen, weil sie es nicht tun will und es ihre Sache ist, mit wem sie spricht und mit wem nicht.«
2. »Weil ich in dem Augenblick sehr aggressiv bin, soll sie nicht mit mir sprechen.«
3. »Weil sie nicht den Eindruck hat, mich erreichen zu können.«

Die nächste Umkehrung, die Karl findet, lautet: »Ich soll mit Marion sprechen.« Er hat Subjekt und Objekt seines ursprünglichen Satzes getauscht. Er stutzt: »Ich will ja mit ihr sprechen!« Ich erkläre ihm, dass nicht jede Umkehrung auf den ersten Blick unbedingt Sinn macht, dass es aber lohnt, darüber zu meditieren und zu prüfen, ob nicht doch etwas dazu im eigenen Geist anklingt.

Karl findet drei Beispiele, warum diese Umkehrung für ihn wahr ist. Er ist spürbar weicher geworden, als er sie ausspricht:

1. »Ja, es stimmt irgendwie: Ich soll mit ihr sprechen in dem Sinne, wie erwachsene Menschen miteinander reden. Wirklich auf Augenhöhe.«
2. »Ich soll mit ihr sprechen, statt sie anzubrüllen.«
3. »Ich soll mit ihr sprechen, um sie zu verstehen.«

Wichtig kann es ebenfalls sein, den Satz ganz zu sich selbst umzukehren. Karl entdeckt in diesem Sinne den Satz: »Ich soll mit mir sprechen.«

1. »Es stimmt: Ich soll mit mir sprechen und mich zur Vernunft bringen.«
2. »Ich soll mit mir sprechen und nicht mit einer fiktiven Marion in meinem Kopf diskutieren.«
3. »Ich soll mit mir sprechen, um zu sehen, wie es jetzt für mich weitergehen könnte.«

Wenn du deine Glaubenssätze und Überzeugungen hinterfragst, schaust du mit einem wahrhaftigeren Blick auf die Realität. Sehr oft stellt sich dann ein Gefühl von Frieden, Mitgefühl und Klarheit ein. So ging es auch Karl nach der Sitzung. Er konnte erkennen, was für ein Leiden er bei seiner Partnerin erzeugt hatte. Aber er sah auch seinen eigenen Schmerz und versuchte ihn nicht länger durch die Kälte seiner Überheblichkeit zu überdecken.

Wenn du anfängst, dich im Hybris-Raum zu beobachten, und mehr Abstand zu deinen Urteilen und Identifikationen bekommst, wirst du feststellen, dass deine Überheblichkeit vor allem auch dich trifft. Du bist derjenige, der innerlich brennt vor Wut und Ungeduld. Du fühlst dich einsam und bist nicht mehr verbunden mit anderen Menschen. Wenn du wahrnimmst, wie es sich im Hybris-Raum wirklich anfühlt, wirst du ihn nicht mehr als Zufluchtsort wählen, sondern willst ihn so schnell wie möglich verlassen. Die vier Schritte der Achtsamkeit und The Work helfen dir dabei zuverlässig.

Praktische Impulse

Beobachte und erkenne

Die Gefahr, in diesem Raum stecken zu bleiben, ist ganz besonders stark, weil du ja davon überzeugt bist, im Recht zu sein. Die Frage: »In wessen Angelegenheit befinde ich mich gerade?«, kann dann sehr hilfreich sein. Sie kann dir helfen, aus dem Hybris-Raum herauszukommen.

Übe regelmäßig mit The Work

Sobald du Arroganz, Angst, Ärger oder Bedürftigkeit wahrnimmst, muss ein Gedanke, ein Urteil anwesend sein. Hinterfrage diese Perspektive und dreh den Gedanken anschließend um – wie am Beispiel von Karl beschrieben.

Bitte um Rückmeldung

Insbesondere, wenn du weißt, dass du dich oft im Hybris-Raum aufhältst, bitte Menschen, denen du vertraust, um eine Rückmeldung. Mir selbst hat das oft schon sehr geholfen. In Plum Village bekamen wir einmal im Jahr ein Feedback, das »Shining Light« genannt wurde. Es wurde Licht auf die Praxis jedes Bewohners im Kloster geworfen. Der größte Teil des Feedbacks war sehr wertschätzend. Dann wurden noch ein oder zwei Vorschläge gemacht, woran wir weiter arbeiten könnten. In meinem ersten Shining Light wurde ich aufgefordert, mir vorzustellen, dass die Person, über die ich mit Dritten rede, im Raum anwesend sei. Offensichtlich waren meine überheblichen Lästereien über Aaron auch den anderen nicht entgangen ...

Der Hybris-Raum im Überblick

Zustand	Gedanken · Glaubenssätze
Im Hybris-Raum verhalten wir uns anmaßend, maßlos, rechthaberisch und egozentrisch. Wir sind voller Überheblichkeit und Eitelkeit. Der Hybris-Raum ist ein Seitentrakt des Kontroll-Raums.	• Ich bin/kann/weiß es besser. • Keiner kann/weiß es so gut wie ich. • Ich habe recht. • Ich darf das. • Das steht mir zu. • Es ist mein gutes Recht. • Die anderen können nichts/haben keine Ahnung. • Du weißt es nicht. • Du hast nicht recht. • Du bist falsch. • Nur ich kann es/weiß es. • Ohne mich klappt nichts. • Alles muss ich selber machen. • Hört auf mich! • Schaut auf mich!

Emotionen	Handlungsmuster	Ausweg
• Eitel, arrogant, dünkelhaft, hochmütig, stolz, überheblich. • Gereizt, genervt, aggressiv, ohne Mitgefühl, kalt, ungeduldig, wütend. • Abgetrennt, einsam. • Angst vor Minderwert und Bedürftigkeit.	• Erzählt ständig von eigenen Erfolgen, behandelt andere von oben herab, fühlt sich »besser als …«. • Größenwahn, kann nicht verlieren, will immer gewinnen, versucht zu beweisen, dass er/sie recht hat, empört sich, wertet andere ab. • Gibt sich zynisch, sarkastisch, vorwurfsvoll, beschuldigend, herablassend, besserwisserisch, verurteilend. Ist ausfällig, streitet, ist laut, kritisiert. • Verhält sich knallhart und egozentrisch, treibt andere an. • Kann sehr verletzend und zerstörend sein.	• Beobachten und erkennen: Wer im Hybris-Raum ist, erzeugt sich selbst Leid. • Fragen: »In wessen Angelegenheit befinde ich mich gerade?« • Praxis von The Work. • Das Umfeld um Feedback bitten.

Raum fünf
Der Schuld-Raum

> Ich glaube ständig, dass ich schuld bin.
> Sobald das Telefon klingelt denke ich, dass ich bestimmt etwas falsch gemacht habe. Meine Nachbarin hatte neulich einen Schlaganfall, und ich fragte mich sofort, ob es an mir lag, weil ich so laut war beim Umgestalten der Wohnung.
>
> Milena, Mitte 40

Du musst nur in die Nähe dieses Ortes kommen, und schon spürst du seine bedrückende Atmosphäre. Kaum ein anderer Zustand fühlt sich so qualvoll an wie der Schuld-Raum. Einmal hier drin trägst du sofort ein schweres Eisen um deinen Hals. Die Gedankenschleifen drehen immer dieselbe Runde: »Ich bin schuld. Ich habe es falsch gemacht. Hätte ich es doch nur anders gemacht! Es war mein Fehler. Ich muss es wiedergutmachen.«

Wie du in den Schuld-Raum hineingerätst

Was du in diesem Raum erlebst, ist Schuld, Scham und ein schlechtes Gewissen. So, wie du nicht freiwillig in den Minderwert-Raum einziehst, willst du auch unter allen Umständen vermeiden, diesen Zustand hier zu betreten. Deswegen bist du wahrscheinlich vorher im Kontroll-Raum gewesen und hast versucht, alles richtig zu machen, um bloß nicht hier zu landen. Doch der innere Kritiker hat solange auf dich eingeredet, bis du ihm irgendwann doch hierher gefolgt bist.

Deine Aufmerksamkeit hängt in diesem Raum in der Vergangenheit fest, und der innere Kritiker listet auf, was du alles falsch gemacht hast. Um deine Fehler wiedergutzumachen, musst du ständig etwas leisten oder um Entschuldigung bitten. Damit endlich die Last von dir genommen wird, versuchst du, anderen zu gefallen, und springst in ihren Kopf, um zu erahnen, was sie von dir erwarten könnten. Das ist enorm anstrengend, aber entspannen kannst du hier sowieso nicht. In diesem Zustand nimmst du dich zurück, um bloß nicht aufzufallen, oder bist extrem aktionistisch, um keine weiteren Fehler zu machen. Schließlich würde dies deinen Aufenthalt im Schuld-Raum noch weiter verlängern.

Hast du den Schuld-Raum erst einmal betreten, befindest du dich in Geiselhaft. Die Währung, in der du bezahlst, heißt: schlechtes Gewissen. Die erlösenden Worte, die dich in die Freiheit entlassen würden, lauten: »Ich verzeihe dir.« Solange du sie aber nicht hörst, sitzt du hier drinnen und arbeitest deine Schuld ab. Du hoffst, die Worte von außen zu hören – doch selbst wenn sie kommen, bedeutet dies nicht unbedingt deine Freiheit. Denn du musst sie auch glauben, und genau hier liegt das Problem. Solange du identifiziert mit dem inneren Kritiker bist, wirst du – in deiner Gutgläubigkeit – ihn immer wieder fragen, ob du endlich ausreichend gebüßt hast. Er hat aber nicht die Intention, dich aus diesem Verlies zu entlassen, und wird darauf bestehen, dass da noch mehr Schuld zu begleichen ist. Nach Kontrolle und Minderwert ist dies der dritte Raum, in dem sich der Kritiker zu Hause fühlt. Wahrscheinlich nennt er diesen Ort sogar »Heimat«.

Der innere Kritiker war bei Veronika dauerhaft präsent. Er erzählte der Musikerin auch schon mal präventiv, dass sie schuld sei, auch wenn sie noch gar nichts gemacht hatte:

> Schuld war mein Grundlebensgefühl. Wenn zum Beispiel ein Einsatz nicht klappte oder wenn etwas auseinanderlief zwischen Orchester und Gesang, habe ich sofort gesagt, dass ich es wahrscheinlich falsch gemacht habe. Mein ehemaliger Dirigent hat mal gesagt: »Ihr macht alle gleich viele Fehler, aber Veronika ist die Erste, die sagt, dass es an ihr liegt.« Wir machen uns oft Premierengeschenke – und ich hatte den Tisch einmal voll mit Ratgebern zum Thema: »Wie gehe ich mit Schuld um«. Aus Quatsch hatten mir die Kollegen diese Bücher geschenkt.

Auch Martins innerer Kritiker springt direkt an und schreit »Schuld!«, ohne dass ihm jemand irgendeinen Vorwurf macht:

> Immer wenn ich denke, dass ich auf Wünsche und Aufträge nicht schnell genug eingehe, gerate ich unter Stress. Heute Morgen rief einer meiner Kollegen an und sagte: »Hast du die Mail gelesen, die ich gestern Abend geschrieben habe? Da muss etwas entschieden werden.« Es wurde gleich körperlich bei mir. Ich schwitzte, wurde still und zog mich zurück. Ich dachte: »Oh, habe ich etwas übersehen? Hätte ich da etwas machen müssen? Bin ich im Rückstand? Warum habe ich es vergessen?« Es kamen direkt Selbstvorwürfe. Dabei war es kein Vorwurf von dem Kollegen, sondern eine Frage, aber es kam bei mir als Vorwurf an. Meine Frau kann das auch bedienen. Wenn sie zum Beispiel fragt: »Hast du dies oder jenes

schon gemacht?« Dann sage ich nicht völlig aufgeräumt: »Nein, aber ich hab es auf dem Schirm«, sondern fühle mich direkt schuldig und rechtfertige mich.

Im Schuld-Raum machst du nie das, was sich für dich richtig anfühlt. Stattdessen tust du ständig, was von dir erwartet wird. Du fühlst dich für alles verantwortlich und oft antizipierst du, was andere von dir wollen könnten, ohne dass sie es geäußert haben. Es kann sogar so weit gehen, dass du Sachen machst, die dein Gegenüber gar nicht möchte, die du aber in »vorauseilendem Gehorsam« erledigst.

Du triffst Entscheidungen aus Angst und nicht, weil du wirklich so entscheiden willst. Dabei erkennst du nicht, dass auch deine Selbstverleugnung Leiden erzeugt – nicht nur bei dir, sondern genauso bei den anderen.

Dörte und Anastasia kommen zu mir, weil sie Schwierigkeiten in ihrer Beziehung haben. Dörte beklagt sich über mangelnde Zärtlichkeiten und zu wenig Sex, während Anastasia distanziert wirkt und kaum etwas sagt. Das Ehepaar lebt seit fünfzehn Jahren im gemeinsamen Haus und hat zwei Kinder. Jede der Frauen hat mithilfe künstlicher Befruchtung einen Sohn geboren.

Wir machen eine Aufstellungsübung. Die Atemtherapeutin Gerdi Schulte sagt, dass man mit dieser Übung relativ schnell erkennen kann, in welcher Verfassung sich eine Beziehung zurzeit befindet. Bei dieser Aufstellung bleibt ein Partner auf seinem Stuhl sitzen, während der andere aufsteht und einen Platz im Raum findet: den Ort, der die aktuelle Verbindung veranschaulicht. Fühlt er sich seinem Partner sehr nah, setzt er sich wahrscheinlich dicht neben ihn. Wenn er allerdings das Gefühl von Distanz hat, wird er sich weiter weg von ihm stellen.

Ich bitte Dörte, anzufangen und sich einen Platz im Raum zu suchen, während Anastasia auf ihrem Stuhl bleibt. Ohne zu zögern kniet sich Dörte direkt vor ihrer Frau hin. Es wirkt fast flehentlich, so als ob sie betteln würde. Sie befindet sich offensichtlich im Raum der Bedürftigkeit.

Ich bitte Dörte, zurück auf ihren Platz zu gehen. Jetzt soll Anastasia aufstehen und sich einen Ort suchen. Sie nimmt sich viel Zeit und geht langsam durch den Raum. Schließlich bleibt sie in der Nähe der Tür stehen und sagt: »Eigentlich würde ich gern rausgehen.« Dörte sieht geschockt aus und fängt an zu weinen. Als ich Anastasia frage, ob sie sich noch in der Ehe sieht, antwortet sie nach einer längeren Pause sehr ernst: »Nein. Wahrscheinlich schon seit Jahren nicht mehr.«

Es stellt sich heraus, dass Anastasia aus einem Schuldgefühl heraus in der Beziehung geblieben ist. Sie hatte Angst davor, dass die Familie auseinandergerissen wird und die anderen Familienmitglieder sie dafür verantwortlich machen.

Die Kombination von Bedürftigkeit und Schuld ist nicht selten in Paarbeziehungen. Ein Partner wünscht sich mehr vom anderen und klagt, während der andere aus einem Schuldgefühl heraus versucht, die Bedürfnisse des Partners zu erfüllen, selbst wenn es sich nicht gut anfühlt. Die Schuld-Bedürftigkeit-Konstellation ist wie ein Schlüssel-Schloss-Prinzip. Einer beschwert sich ständig, und der andere fühlt sich verantwortlich, rackert und funktioniert. Sie kommt aber auch zwischen Eltern und Kindern vor. Helene hat diese Dynamik bereits früh trainiert:

> Meine Mutter hatte immer so Erwartungspakete, und wenn sie nicht erfüllt wurden, hat sie sich zurückgezogen und tagelang mit niemandem gesprochen. Ich habe mir dann immer die Frage gestellt: »Habe ich etwas falsch gemacht?«

Wenn jemand heute sagt: »Wegen dir konnte ich nicht schlafen«, oder »Du bist zu spät gekommen, und deswegen konnte ich den Abend nicht so gestalten, wie ich es wollte«, dann nehme ich das sofort an. Dann werde ich sehr still und komme in so eine Starre. Ich fühle es am stärksten im Bauch.

Bei einer bestimmten Freundin hat sich die Schuld immer stärker aufgebaut. Sie hat grundsätzlich den Vorwurf, dass ich mich nicht genug um sie kümmere: Ich melde mich nicht häufig genug, ich habe keine Postkarte geschrieben, ich habe ihrem Kind nicht rechtzeitig zum Geburtstag gratuliert und so weiter. Ich fühle da oft schon im Vorfeld Schuld und denke: Ah, jetzt muss ich das machen, und dann ist alles gut. Ich muss auf jeden Fall eine Karte schreiben, und ich muss sie jetzt anrufen ... Ich habe für sie Sachen gemacht, die ich sonst gar nicht gemacht hätte und gar nicht machen wollte. Und noch schlimmer: Ich habe angefangen, schlecht über sie zu reden. Ich sage zum Beispiel manchmal gequält zu meinem Partner: »Ach je, jetzt muss ich schon wieder anrufen.«

Wie du aus dem Schuld-Raum herausfindest

In den meisten Räumen des Ego-Hauses akzeptierst du die Realität da draußen nicht. Du willst, dass die Welt oder bestimmte Menschen anders sind. Du möchtest, dass dein Buch fliegt. Im Schuld-Raum hingegen akzeptierst du deine innere Realität nicht. Du denkst: »Ich hätte anders handeln müssen. Ich hätte anders fühlen müssen.« Wenn du diese beiden Sätze betrachtest, stellst du vielleicht fest, dass sie ein klein wenig größenwahnsinnig sind. Du willst diesmal nicht, dass das Buch abhebt, sondern dass du selbst fliegst. Tatsache ist jedoch: Du fliegst nicht. Du hast so gehandelt und so gefühlt, weil du in dem Augenblick dafür sehr gute Gründe hattest. Vielleicht würdest du dich heute anders verhalten, aber in dem Moment war genau dies deine Wahrheit. Aus deiner damaligen Perspektive heraus hattest du keine Wahl, etwas anders zu machen oder etwas anderes zu sagen. Du hast deinen Gedanken geglaubt und konntest dich deswegen nur so verhalten.

Du bist nie schuld.
Du bist immer verantwortlich.

Kannst du dir verzeihen und deine Realität so akzeptieren, wie sie war? Die Realität zu akzeptieren und dir zu vergeben heißt nicht, dass du nicht mehr verantwortlich bist für deine Handlungen. Im Gegenteil: Wenn du dich wirklich *akzeptierst*, so wie du bist, wirst du zwangsläufig auch die Verantwortung für das tragen wollen, was du tust. Über den Unterschied zwischen Schuld und Verantwortung herrscht bei vielen Menschen große Verwirrung. Denn sie glauben, dass es sich hierbei um ein und dasselbe handelt. Ich möchte versuchen, anhand einiger Beispiele den Unterschied klarer zu machen:

Nehmen wir an, du bist fremdgegangen und hattest Sex mit einer anderen Person. Danach hast du es deinem Mann gebeichtet oder er hat es auf einem anderen Weg herausgefunden. Du bereust mittlerweile, was du getan hast, und fühlst dich schuldig. Aber in dem Moment des Aktes hattest du gute Gründe, warum du es getan hast. Du hast – in dem Augenblick – deinen Gedanken geglaubt, die sagten, dass dies die richtige Handlung sei. Darum bist du unschuldig! Du kannst dir also verzeihen! Dennoch bist du natürlich verantwortlich und musst die Konsequenzen tragen. Es kann sein, dass dein Partner dich nun verlässt oder entscheidet, selbst auch fremdzugehen. Damit musst du dann umgehen lernen. Du hast keine Schuld und trägst dennoch die Verantwortung.

Byron Katie erzählte in einem Vortrag, wie sie mit einem Mann im Gefängnis gearbeitet hat, der seine Frau umgebracht hatte. Katie fragte ihn: »Was war dein Gedanke, kurz bevor du sie getötet hast?« Der Mann antwortet: »Dass sie mich nicht liebt!« Er war offensichtlich gefangen in einem Raummix aus Bedürftigkeit und Hybris – nach dem Motto: »Ich brauche deine Liebe! Und was fällt dir ein, sie mir nicht zu geben!« Byron Katie überprüfte mit diesem Mann nun den Satz: »Sie hat mich nicht geliebt« mithilfe der vier Fragen von The Work, die du im Kapitel zum Hybris-Raum kennengelernt hast. Der Mann blieb auch danach überzeugt davon, dass seine Frau ihn nicht geliebt hat, und der Gedanke machte ihn immer noch wütend und traurig.

Dann sollte der Mann den Gedanken ins Gegenteil umdrehen. Dabei entstand der Satz: »Meine Frau hat mich geliebt.« Byron Katie bat ihn, Gründe dafür zu finden, warum dieser Gedanke auch wahr sein könnte. Nachdem er einige Zeit darüber nachdachte, dämmerte ihm, dass diese Umkehrung tatsächlich wahr sein könnte und er sich in seiner Frau geirrt hatte. War er deshalb schuldig? Nein, aus der Perspektive, die er zum Tatzeitpunkt hatte und ohne zu wissen, wie er Abstand zu seinen Gedanken herstellen könnte, hatte er sich nicht anders verhalten können. Darum war der Mann unschuldig! Doch er musste selbstverständlich dennoch ins Gefängnis, denn er trug die Verantwortung für seine Handlung.

Helene aus dem Beispiel oben glaubt, sie müsse sich ihrer Freundin gegenüber anders verhalten, als sie es tut. Deswegen fühlt sie sich schuldig. Ihre eigene Realität lautet allerdings: »Ich möchte nicht häufiger mit ihr Kontakt haben.« Für diesen Wunsch übernimmt sie keine Verantwortung.

Das tut sie erst in dem Moment, in dem sie ehrlich zu ihrer Freundin sagt: »Meine Liebe, ich habe dich sehr gern. Und ich merke: Mehr Zeit und Aufmerksamkeit möchte ich dir gerade nicht geben.« Vielleicht ist ihre Freundin dann enttäuscht. Aber enttäuscht heißt ja, von einer Täuschung befreit zu sein. Enttäuscht meint: nicht mehr länger getäuscht. Helene wäre auf diese Weise ehrlich und würde ihrer Freundin erlauben, die Realität so zu sehen, wie sie tatsächlich ist: »Ich, Helene, möchte mich im Moment nicht öfter melden.« Willkommen bei der wahrhaftigen Helene. Nun hat die Freundin wiederum die Möglichkeit, sich so zu verhalten, wie es sich für sie richtig anfühlt, und das könnte bedeuten, dass sie sich künftig anderen Freunden mehr zuwenden wird.

Wenn sich Helene auf diese Weise verhält – ehrlich und authentisch, dabei dennoch liebevoll, gibt es keinen Grund mehr für Schuldgefühle. Die entstanden aus der Herumdruckserei und daraus, dass sie sich nicht so verhielt, wie es sich für sie richtig anfühlte.

An dieser Stelle werde ich oft gefragt, ob es denn nicht egoistisch sei, immer nur zu sagen und zu machen, was sich gerade gut anfühlt und worauf man Lust habe? Was ist egoistischer, frage ich dann: deine Wahrheit auszusprechen und dadurch transparent für dein Gegenüber zu sein oder zu lügen, um dadurch Anerkennung zu bekommen? Möchtest du Wertschätzung für dich erhalten oder für die Fassade, die du errichtest?

Außerdem bedeutet es gar nicht, dass du egozentrisch nur noch tust, worauf du Lust hast. Du kannst bei deiner Wahrheit bleiben und dennoch auf dein Gegenüber eingehen: Nehmen wir an, jemand fragt dich, ob du mit ihm einen bestimmten Film im Kino sehen willst, auf den du eigentlich keine Lust hast. Wenn du wahrnimmst, dass es deinem Gegenüber sehr wichtig ist, mit dir da reinzugehen, dann ist es durchaus möglich, dass du sagst: »Eigentlich habe ich keine Lust auf diesen Film. Aber ich habe dich so lieb und möchte heute unbedingt etwas mit dir machen, dass ich gern mitkomme.« Dadurch bist du transparent und übernimmst Verantwortung für deine Gefühle und Handlungen. Nur ohne ein Gefühl von Schuld kannst du wahrhaftig verbunden sein mit den Personen, die du liebst.

Wir Menschen sind aus zwei Gründen Anhänger des Schuldkonzepts: Erstens wollen wir gern Rache ausüben (Willkommen in den Räumen Bedürftigkeit, Hybris oder Widerstand) und zweitens glauben wir, dass sich jemand nur dann bessert und zurück in die Gesellschaft findet, wenn er – mittelalterlich – mit Schuld und Scham Buße tut. Das Gegenteil ist jedoch der Fall. Je länger eine Person im Schuld-Raum steckt, umso eher wird sie sich von der Gesellschaft entfernen. Sie könnte mit hoher Wahrscheinlichkeit in eine Depression rutschen oder körperlich krank werden. Der Drogenkonsum ist im Schuld-Raum besonders hoch, weil die Betroffenen nicht wissen, wie sie sonst mit dem Gefühl der Schuld umgehen sollen. Vielleicht wechseln sie aber auch in den Widerstand-Raum. Dann reagieren sie mit einer Haltung von: »Jetzt erst recht!« und wiederholen ihre Handlungen absichtlich. Schuld kann keinen besseren Menschen aus einer Person machen, sondern sie nur weiter in einem Kreislauf aus Selbsthass und Widerstand halten.

Selbstvergebung

Halten wir fest: Schuld gibt es nicht. Sie ist ein Konstrukt des Verstandes. Sie existiert nur als Vorstellung in unseren Köpfen. Ob jemand für schuldig erklärt wird, ist zudem sehr variabel, je nachdem, wer darüber entscheidet. Du wirst keine feste Konstante dafür finden, wann jemand schuldig ist und wann nicht. Zum Beispiel kannst du nicht sagen: »Wenn jemand einen anderen Menschen tötet, ist er automatisch schuld!« Dann wären die Attentäter und Widerstandskämpfer gegen das Dritte Reich heute noch schuldig. Die jetzige Gesellschaft und Regierung würdigt sie jedoch für ihre Taten von damals.

Selbst wenn die Mehrheitsgesellschaft sich darauf verständigt, dass ein bestimmter Tatbestand »Schuld« bedeutet, kann sich die kollektive Einstellung zu der Sachlage innerhalb weniger Jahre komplett ändern. In unserer Gesellschaft ist es zum Beispiel noch gar nicht so lange her, dass du dich strafbar gemacht hast, wenn du als Mann Sex mit einem anderen Mann hattest. Seitdem haben sich aber nicht nur die Gesetze geändert. Die Bundesregierung hat sich sogar nachträglich bei den Zigtausenden Opfern des Paragrafen 175 entschuldigt, der Homosexualität damals unter Strafe gestellt hatte. Heute ist der Staat plötzlich »schuld«, und die ehemaligen Täter sind Opfer. Ein Perspektivwechsel um 180 Grad.

Um zu begreifen, warum schreckliche Taten verübt werden, musst du verstehen: Wenn wir jemandem Leid zufügen, dann tun wir das, weil wir verwirrt sind und Erfahrungen aus unserer Vergangenheit ins Hier und Jetzt übertragen. Hätten wir andere Dinge erlebt, dann hätten wir heute andere Gedanken und würden uns anders verhalten. Buddha lehrt, dass alles wechselseitig voneinander abhängt: »Dies ist, weil jenes ist. Dies ist nicht, weil jenes nicht ist.« Unsere Erfahrungen aus der Vergangenheit haben also viel mit unserer heutigen Perspektive zu tun. Und das gilt für jeden, der sich »schuldig« macht.

Während des Vietnamkrieges in den 1970er-Jahren versuchten mehr als anderthalb Millionen Menschen, in sehr einfachen Fischerbooten dem Krieg in ihrer Heimat zu entkommen. Fast 250 000 dieser Boat People starben auf der Flucht im Südchinesischen Meer. Die Menschen auf den alten überfüllten Booten ertranken, wurden von Piraten überfallen oder starben an Krankheiten und Nahrungsmangel. Thich Nhat Hanh engagierte sich während dieser Zeit stark in der Flüchtlingshilfe. In einem Vorwort zu seinem Gedicht »Bitte ruf mich bei meinem wahren Namen«, schreibt er: »Eines Tages erhielten wir einen Brief, der uns von einem jungen Mädchen berichtete, das auf einem kleinen Boot von einem Thai-Piraten vergewaltigt worden war. Sie war erst zwölf, und sie sprang ins Meer und brachte sich um. Wenn du so etwas erfährst, wirst du zuerst ärgerlich auf den Piraten. Du stellst dich natürlich auf die Seite des Mädchens. Wenn du tiefer schaust, wirst du es anders sehen. Wenn du dich auf die Seite des Mädchens stellst, ist es einfach. Du brauchst nur ein Gewehr zu nehmen und den Piraten erschießen. Aber das können wir nicht tun.

Es ist ein Paradoxon: Es gibt nichts zu verzeihen. Lerne, dir zu vergeben.

Ich habe in meiner Meditation gesehen, dass ich selber der Pirat wäre, wäre ich in dem Dorf des Piraten aufgewachsen. Es ist sehr wahrscheinlich, dass ich Pirat geworden *wäre.*«[8]

Wenn meine Tochter manchmal so hysterisch wird und ausrastet, dann denke ich, dass ich schuld daran bin, weil ich immer so viel gearbeitet habe und nicht sehr oft für sie da war. Außerdem habe ich ihr nichts anderes gezeigt. Ich habe mich oft auch so wütend verhalten und reagiere manchmal immer noch so.

Dimitris Dilemma, so wie er es hier beschreibt, ist der Klassiker. So landen wahrscheinlich die meisten Menschen im Schuld-Raum: Sie haben sich auf eine bestimmte Art und Weise verhalten, bereuen es jetzt, und der innere Kritiker dirigiert sie in die Schuld hinein. Um dieses Verlies zu verlassen musst du lernen, dir selbst zu vergeben. Warte nicht darauf, dass die Vergebung von außen kommt. Der Kritiker wird ansonsten einfach weiter auf dich einreden und dich quälen.

Vielleicht fragst du dich, wieso du dir verzeihen sollst, wenn es doch gar keine Schuld gibt? Das ist das Paradoxon: Obwohl es nichts zu verzeihen gibt, musst du lernen, dir selbst zu vergeben. Denn für die meisten Menschen ist der innere Kritiker sehr real, und solange du daran glaubst, dass Schuld existiert, ist Selbstvergebung der einzige Weg aus dem Raum heraus. Wenn du irgendwann wirklich erkannt hast, dass Schuld nur eine Illusion ist, wirst du die Selbstvergebung nicht mehr benötigen.

Du verzeihst dir, indem du die Realität *akzeptierst*, dass du in dem fraglichen Augenblick nicht anders handeln konntest. Du steigst aus deinem Größenwahn aus. Denn in dem Moment warst du gefangen in einer bestimmten Perspektive und hattest in deiner Vorstellung nur diese Handlungsoption. Dimitri hat gedacht, dass es wichtiger sei, arbeiten zu gehen und Geld nach Hause zu bringen, als Zeit mit seiner Tochter zu verbringen. Heute weiß er es besser, aber in dem Moment damals wusste er es eben nicht. Hätte er es besser gewusst, dann hätte er sich anders verhalten. Deswegen kann er sich *verzeihen.*

Bei der Selbstvergebung machst du Frieden damit, wer du in dem Moment der vermeintlichen Schuld gewesen bist. Vielleicht warst du fünf Minuten später genialer oder erleuchteter, aber in dem Augenblick war das, was du warst, alles, was du zu bieten hattest. Es war deine Realität.

Dein ganzes Training besteht auch hier letztlich darin, Abstand von den Gedanken und der Perspektive herzustellen, die dein Verstand kreiert. Sobald das gelingt, bist du nicht mehr im Ego-Raum gefangen. Je mehr Abstand du hast und je weniger identifiziert du bist, desto mehr Freiheit ist da.

Einen Aspekt möchte ich zum Abschluss noch aufgreifen, der sich im Schuld-Raum zeigen kann: Manchmal taucht der Gedanke auf, dass du nicht glücklich sein darfst, solange es so viele Menschen auf diesem Planeten gibt, die leiden. Das ist ein Schuldgefühl gegenüber all den Kindern, die hungern, oder auch gegenüber Menschen in deiner unmittelbaren Umgebung, denen es nicht gut geht.

Thay hat oft zu uns gesagt, dass unser Glück das größte Geschenk ist, das wir der Welt machen können. Du wünschst dir von den Menschen, die du liebst, dass sie glücklich sind. Und umgekehrt ist das genauso. Die Menschen, die dich lieben, wünschen sich ebenfalls, dass du glücklich bist, und nicht, dass du mit ihnen oder jemand anderem mitleidest. Es sind nicht deine Schuldgefühle, die deine Umwelt dabei unterstützen, zufriedener zu werden, sondern dein Glück, dein Mitgefühl und deine Liebe.

Praktische Impulse

Selbstvergebung

Dies ist wieder der dritte Schritt unserer Achtsamkeitspraxis: akzeptieren, was ist. Übe dich darin, immer schneller wahrzunehmen, wenn du den Schuld-Raum betrittst. Damit schaffst du Abstand zu deinen Gedanken, die dir Schuld einreden. Erkenne, dass du dich in dem Moment deines Handelns nicht anders verhalten konntest. Sage dir: »Ich verzeihe mir. Ich habe es in dem Moment einfach nicht besser hinbekommen.«

Beobachte und erkenne

Es gibt keine Schuld. Sie ist eine Konstruktion. Dennoch bist du immer verantwortlich. Kannst du Verantwortung für deine Handlungen übernehmen, ohne dich schuldig zu fühlen?

Der Schuld-Raum im Überblick

Zustand	Gedanken · Glaubenssätze
Im Schuld-Raum herrscht ein schlechtes Gewissen in Bezug auf die Vergangenheit vor, oft verbunden mit dem ständigen Bemühen, etwas wiedergutzumachen und sich in der Zukunft nicht noch mehr Schuld aufzuladen.	• Ich bin schuld. • Ich habe es falsch gemacht. • Es war mein Fehler. • Ich hätte es anders/besser machen müssen. • Ich muss mich anstrengen, um nicht (noch mehr) schuldig zu werden. • Ich muss es wiedergutmachen.

Emotionen	Handlungsmuster	Ausweg
• Schuld, Scham, schlechtes Gewissen, Reue. • Einsam, depressiv, nach innen gerichtete Wut.	• Starke Aktivität des inneren Kritikers. • Versuche, Verantwortung für andere zu übernehmen, alles wiedergutzumachen, nicht aufzufallen. • Aktionismus, großes Bemühen. • Macht sich klein, strengt sich an, nicht wieder schuldig zu werden. • Macht nicht, was sich gut anfühlt, sondern, was andere erwarten (könnten).	• Abstand zum inneren Kritiker und den schuldbeladenen Gedanken schaffen. • Realität akzeptieren: »Ich habe es in dem Augenblick nicht besser machen können.« • Selbstvergebung. • Erkennen: Wir sind nie schuldig. Und wir sind immer für unser Tun und Nicht-Tun verantwortlich.

Raum sechs
Der Raum der Verleugnung

Martina und Jörg sind im Urlaub in Vietnam.
Sie streiten sich die ganze Zeit bis aufs Blut,
aber auf Facebook posten sie jeden Tag Fotos,
die einen Traumurlaub suggerieren.

Martina, Ende 30, und Jörg, Anfang 40

Im Ego-Haus gibt es auch einen Theaterraum. Er ist vollgestopft mit Kulissen und Requisiten, die aus der Ferne erst einmal echt wirken. Kommst du allerdings näher, erkennst du, dass alles bloß aus angemalten Stellwänden und altem Pappmaché besteht.

Wie du in den Raum der Verleugnung hineingerätst

Du betrittst den Raum der Verleugnung, wenn du der Welt – und oft genug auch dir selbst – etwas vorspielen willst. Hier wirst du lügen, du versuchst zu manipulieren, vertuschst oder spielst Tatsachen herunter. Typische Sätze, die in diesem Raum gesprochen werden, sind: »Das stimmt nicht.« »Ich war das nicht.« »Deine Wahrnehmung ist falsch!« »Das ist nie passiert.« »Das ist vielleicht einmal passiert, kommt aber nie wieder vor.« »Ich habe kein Problem, alles ist super!«

Der Raum der Verleugnung ist ebenfalls ein Seitentrakt des Kontroll-Raums. Konkret betrittst du diesen Zustand:

- um nicht in den Schuld-Raum zu kommen.
- um dich in ein besseres Licht zu setzen.
- um Konflikte zu vermeiden.
- um Macht auszuüben.

Dieser Zustand der Verleugnung ist mit der Zeit recht anstrengend, denn du musst vor anderen und dir selbst eine Illusion aufrechterhalten und ständig hellwach sein, damit deine Geschichten nicht auffliegen.

Verleugnung aus Angst vor Schuld und Scham

Hast du Angst vor dem Schuld-Zustand, dann fürchtest du dich vor den Reaktionen der anderen, falls die Wahrheit ans Licht kommt. Du willst nicht, dass jemand den Fehler sieht, den du gemacht hast. Manchmal erstaunt es andere, was du versuchst zu verheimlichen, weil sich niemand sonderlich dafür interessiert oder die Konsequenzen gar nicht dramatisch wären. Doch in deiner Wahrnehmung wäre eine Enthüllung unerträglich. Du flüchtest regelrecht vor der Scham in den Raum der Verleugnung und beginnst dann mit deiner Vorstellung. So macht es auch Ryan:

Wenn ich in meinem Job etwas vergessen habe und jemand spricht mich darauf an, finde ich sofort eine Entschuldigung, warum ich es nicht gemacht habe oder es nicht ging. Anstatt zu sagen, dass ich es vergessen habe, schiebe ich irgendwelche Dinge vor und lüge zum Teil sogar. Neulich habe ich vergessen, bestimmte Unterlagen rauszuschicken. Ein Kollege fragte mich, ob ich es gemacht habe, und ich sagte Ja, obwohl es nicht stimmte. Es wäre gar nichts passiert, wenn ich gesagt hätte: »Ach, habe ich vergessen, mache ich aber jetzt.« Trotzdem verleugne ich meinen Fehler, weil ich mich ertappt fühle und Angst habe, vor dem Kollegen als schuldig dazustehen.

Polizisten, Anwälte und Richter arbeiten besonders oft mit Personen, die sich im Raum der Verleugnung befinden. Egal ob bei einem simplen Ladendiebstahl, bei der Steuerhinterziehung oder einer schweren Straftat wie Raub oder Mord: Rechtsbrüche werden in aller Regel erst einmal abgestritten. Doch du brauchst nicht in den Bereich der Kriminalität zu schauen, um dieses Schauspiel zu erleben. Aus Angst vor einem Schuldgefühl wird in allen Bereichen des Lebens gelogen und vertuscht.

Franziska zum Beispiel ist eine praktizierende Buddhistin, die ihren Ehemann mit einem Kollegen betrügt. Das Verhältnis läuft bereits ein paar Monate, bis ihr Mann es durch einen Zufall herausbekommt. Zuerst bestreitet Franziska alles, aber die Beweislage ist eindeutig. Ihr Mann hatte ihre Mailbox abgehört, auf der dieser Kollege sexuelle Anspielungen hinterlassen hatte. Sie gesteht schließlich einen einmaligen Fehltritt und verspricht ihrem Mann, dass es nie wieder vorkommen wird. Doch er vertraut ihr nicht mehr. Nach ein paar Tagen schaut er auf ihrem Computer nach und entdeckt Liebesbriefe, die sich das Paar geschrieben hat. Die letzte Mail ist gerade mal drei Stunden alt. Damit konfrontiert, bleibt Franziska nichts anderes übrig, als es wiederum zuzugeben. Doch sie verspricht ihrem Mann, das Verhältnis diesmal wirklich zu beenden und den Kollegen nie wieder privat zu treffen. Als ihr Mann einige Zeit danach ein weiteres Treffen der beiden mitbekommt, trennt er sich schließlich von ihr.

Franziska gesteht immer nur so viel, wie sie gezwungenermaßen zugeben muss. Sie leugnet die ganze Wahrheit, weil sie Angst davor hat, dass Familie, Freunde und Kollegen sie als Ehebrecherin brandmarken. In ihrem buddhistischen Selbstbild kommt es nicht vor, dass sie fremdgeht, geschweige denn ihren Mann verlässt.

Wenn du dich im Raum der Verleugnung befindest, willst du unbedingt an deinem Selbstbild festhalten. Du befürchtest, dass andere dich verurteilen, ausstoßen oder nicht mehr wertschätzen, wenn die Maske, die du so mühevoll aufgetragen hast, einmal bröckelt. Darum wird der Verleugnungs-Raum auch von Suchtkranken und Co-Abhängigen häufig besucht. Ob harte oder weiche Drogen, Essstörungen, Sex- oder Computersucht: Die wenigsten schaffen es, ihre Abhängigkeit zu bekennen – zumindest nicht ohne Hilfe. So ging es auch Sonja. Sie hat lange gebraucht, bis sie sich selbst eingestehen konnte, dass sie co-abhängig ist:

> Meine Mutter ist Alkoholikerin, und nach außen durfte das während meiner Kindheit nicht offenbart werden. Es war ein Familiengeheimnis, und ich hatte immer Angst, daran schuld zu sein, wenn es doch herauskommt. Ich habe es verleugnet, um unser Familiensystem aufrechtzuerhalten. Mein Mann und meine erwachsenen Kinder wissen bis heute nicht, dass meine Mutter süchtig ist.

Ich möchte hier noch ein Beispiel anfügen, das eine prominente Frau betrifft: Ilse Werner. Heutzutage würde man sie einen A-Promi nennen. Sie war während der Nazizeit eine der ganz großen UFA-Filmstars und eine erfolgreiche Sängerin. Doch als Deutschland 1945 in Schutt und Asche lag, brach auch ihre Karriere schlagartig zusammen. Da war sie gerade mal 24 Jahre alt. Weil sie auch in Nazipropagandafilmen mitgespielt hatte, erhielt sie ein zweijähriges Berufsverbot. Die Filme, die sie im Anschluss drehte, floppten alle, und in den kommenden Jahrzehnten hielt sie sich hauptsächlich mit Theaterengagements und Auftritten als Schlagersängerin über Wasser. Sie starb verarmt mit 84 in einem Altersheim in Lübeck.

Als ich Ilse Werner kennenlernte, war sie bereits über siebzig. Anfang der 1990er-Jahre hatte ich einen Studentenjob beim Westdeutschen Rundfunk, wo sie in einer Sendung zu Gast war. Am nächsten Tag sollte ich sie von Düsseldorf nach Bad Salzuflen fahren. Während unserer gemeinsamen Fahrt war sie ausgesprochen freundlich und beantwortete alle meine Fragen über ihre Karriere geduldig und ausführlich. Fast zwei Stunden führten wir ein lebhaftes Gespräch – bis ich irgendwann eine Frage zum Nationalsozialismus stellte: »Sie kannten ja auch die ganzen Nazigrößen wie Hitler und Goebbels! Was waren denn das für Menschen?« Meine Frage war nicht anklagend gemeint. Ich war einfach interessiert. Wann trifft man schließlich schon mal einen Menschen, der Adolf Hitler persönlich gekannt hat?!

Doch schlagartig änderte sich die Atmosphäre im Auto, und Ilse Werner verwandelte sich in einen Eisblock: »Ja, ich kannte Hitler. Ich musste ihm die Hand geben, so wie ich heute Helmut Kohl die Hand geben muss!« (Kohl war damals noch Bundeskanzler.) Von da an war klar, dass sie nicht weiterreden wollte, und die restliche Fahrt verlief sehr schweigsam.

Es war schmerzhaft mitanzusehen, dass ihre Angst vor dem Schuld-Raum sogar 50 Jahre nach Kriegsende immer noch so riesig war. Verleugnung macht so unfrei! Es ist enorm anstrengend, mit dieser Grundstimmung zu leben, da man ja ständig etwas verschleiern, beschönigen oder unterdrücken muss. Wäre Ilse Werner aus dem Raum der Verleugnung herausgekommen, dann hätte sie vielleicht sagen können: »Ich musste Hitler nicht die Hand schütteln, und ich musste auch nicht in Propagandafilmen mitspielen. Es war meine Entscheidung. Ich war jung und naiv und habe mir keine Gedanken darüber gemacht, sondern war hauptsächlich an meiner Karriere interessiert.« So ähnlich hat es übrigens ihr Schauspielerkollege Will Quadflieg gemacht, der in der Lage war, sich kritisch mit seiner unkritischen Haltung während der Nazizeit auseinanderzusetzen. Gerade weil er so transparent mit seiner Vergangenheit umging, war es ihm möglich, in der Nachkriegszeit weiter erfolgreich Theater zu spielen, und nach seinem Tod würdigte ihn seine Geburtsstadt Oberhausen, indem sie einen Platz nach ihm benannte.

Verleugnung zur Erhöhung des Selbstwerts

Manche Menschen halten sich mit aller Macht im Raum der Verleugnung fest, um bloß nicht in den Minderwert-Raum zu rutschen, in den ihre tiefsten Glaubenssätze sie sehr leicht hineinbringen könnten. Dann versuchen sie, ihren Wert zu erhöhen, indem sie Geschichten erfinden: Münchhausen, Felix Krull, der Hauptmann von Köpenick oder Tom Ripley sind Beispiele aus der Literatur, wo eine Figur versucht, durch Lügengeschichten ihr Ego aufzuwerten. Möglicherweise nimmst du eine Scheinidentität an, gibst dich als Akademiker aus, kaufst oder plagiierst eine Doktorarbeit. Vielleicht behauptest du auch, Dinge getan oder erlebt zu haben, die nicht wahr sind. Es müssen gar keine großen Lügen sein, die du erfindest. Möglicherweise flichtst du in deinem Alltag oder in den sozialen Medien – immer mal wieder – ein kleines, unwahres Detail ein, das dich besser dastehen lassen soll.

In Woody Allens Film »Blue Jasmine«, der auf einer wahren Begebenheit beruht, spielt Cate Blanchett eine Frau (Jasmine), die mit ihrem Mann zur High Society New Yorks gehört – mit Penthouse am Central Park und einer Strandvilla in den Hamptons. Als der Film beginnt, ist der Mann von Jasmine tot. Er hat sich in einer Gefängniszelle erhängt, nachdem das FBI ihn wegen Betruges verhaftet hatte. Sein gesamtes Vermögen und alle Immobilien wurden beschlagnahmt. Jasmine – die nun obdachlos ist – fliegt in ihrem Chanel-Kostüm und mit einem Louis-Vuitton-Koffer (das ist alles, was ihr noch geblieben ist) nach San Francisco zu ihrer Stiefschwester, die in einer beengten Mietwohnung lebt. Als sie dort ankommt, ist die Schwester erst einmal fassungslos, dass Jasmine erster Klasse geflogen ist, obwohl sie gar kein Geld mehr besitzt. Aber das ist erst der Beginn des Verleugnungsdramas. Jasmine versucht das Bild der vermögenden und unbescholtenen Grande Dame unter allen Umständen aufrechtzuerhalten. Im Verlauf des Films verstrickt sie sich immer tiefer in ihre Lügengeschichten, die allerdings nach und nach auffliegen. Am Ende sitzt sie – geistig völlig verwirrt – auf einer Parkbank und redet nur noch zusammenhanglos vor sich hin.

Verleugnung, um Konflikte zu vermeiden

Wenn du deine Ruhe vor der Realität haben willst, wirst du dich ebenfalls häufig im Raum der Verleugnung aufhalten. Dann dient dir die Verleugnung als Widerstand. Vielleicht bricht jemand auf der Straße zusammen, und du tust so, als ob nichts geschehen wäre. Dein Kind schreit, und du ignorierst es, weil du jetzt einfach keine Lust hast, dich damit zu befassen. Jede Belästigung nervt dich. Du wirst dabei immer Gründe finden, die dein Verhalten rechtfertigen. Verleugnung wird zu deiner Vermeidungsstrategie, damit du dein Ding unbehelligt durchziehen kannst. Auch der schon zitierte Ryan möchte nicht, dass sein Tagesablauf durch irgendetwas gestört wird.

> Wenn meine Frau krank wird, tue ich so, als ob gar nichts passiert wäre. Ich ignoriere es einfach und gehe davon aus, dass sie das schon allein hinkriegt. Ich will nichts an meinem Programm ändern, denn ich fühle mich schnell überfordert, wenn ich noch etwas zusätzlich tun müsste. Ich verleugne auch, wenn es ihr von Tag zu Tag schlechter geht. Wenn sie etwas über ihr Kranksein sagt, dann reagiere ich einfach nicht darauf. Ich kann das erstaunlich lange aufrechterhalten.

Wenn du Angst vor Auseinandersetzungen hast und Konflikte scheust, gehst du wahrscheinlich ebenfalls in den Raum der Verleugnung. Leon zum Beispiel kann über einen langen Zeitraum so tun, als ob in seinen Freundschaften alles in Ordnung wäre – egal wie es wirklich damit aussieht:

> Ich spreche sehr lange nicht an, was mich nervt, und irgendwann platzt dann die Bombe. Der andere versteht dann gar nicht, was los ist. Ich behalte meinen Ärger sehr lange für mich, weil ich denke, dass es nicht so schlimm ist. Aber irgendwann komme ich an einen Punkt, wo das Fass überläuft, und die andere Person kriegt dann ein halbes Jahr um die Ohren geschlagen.
>
> Ich mache das auch, wenn ein Freund mir etwas zeigt oder erzählt, was nicht meinem Geschmack entspricht. Dann sage ich gar nichts dazu. Obwohl ich mir ja andersherum auch wünschen würde, dass er sagt:

»Dies oder das, finde ich ehrlich gesagt nicht so schön.« Aber ich bekomme es nicht über die Lippen.

Im Extremfall hältst du die Verleugnung über Jahre aufrecht. Du tust dann vielleicht so, als seist du total verliebt, obwohl deine Partnerin dich die ganze Zeit aggressiv macht. Wenn jemand besonders tief im Raum der Verleugnung feststeckt und jegliche Auseinandersetzung scheut, dann kann es passieren, dass er irgendwann einfach abhaut, ohne irgendetwas zu sagen. Diesen kompletten Kontaktabbruch nennt man »Ghosting«. Er verschwindet – wie ein Geist – aus dem Leben von Partnern und Freunden, und alle Versuche, ihn telefonisch, per Mail oder sonst wie zu erreichen, laufen ins Leere. Die frühere Partnerin, der bisherige beste Freund – sie werden einfach aus dem Alltag gelöscht.

Verleugnung aus Machtinteressen

In keinem Zeitalter vor uns war es möglich, so viele Menschen gleichzeitig zu erreichen wie seit dem Aufkommen des Internets und der sozialen Medien. Weil die Kontrolle über Informationen Einfluss und Macht bedeutet, betreten immer mehr Personen, Institutionen und Regierungen den Raum der Verleugnung. Es wird um die Deutungshoheit der Realität gekämpft. Alle versuchen, die Wahrnehmung ihrer Mitmenschen im eigenen Sinne zu beeinflussen. Dabei werden auch Lügen und Manipulationen nicht gescheut. Denn hast du Einfluss auf die Sichtweise anderer, kannst du dich in einem besseren Licht darstellen, eigene Schuld auf andere abwälzen oder deine politischen und wirtschaftlichen Interessen leichter durchsetzen.

Als 2014 Männer in Soldatenuniformen, aber ohne erkennbare Hoheitskennzeichen das Regionalparlament der Krim besetzten, vermuten Regierungen und Journalisten weltweit, dass es sich um russisches Militär handelt. Doch Präsident Wladimir Putin widersprach über Monate vehement und behauptete, dass keiner seiner Soldaten sich auf der Halbinsel befinden würde. Ein Jahr später, als die Krim von Russland vollständig annektiert war, gab er im Fernsehen zu, dass es sich damals sehr wohl um russische Soldaten gehandelt hat.[9]

Der amerikanische Präsident Donald Trump ist ein weiteres Beispiel für einen Politiker, der hemmungslos die Wahrheit verdreht, um sie seinen eigenen Interessen anzupassen. Die Datenbank von Fact Checking hat festgehalten, dass er in 592 Tagen Amtszeit nachweislich über 4000-mal gelogen bzw. irreführende Äußerungen gemacht hat.[10]

Besonders extrem sind Fälle von Verleugnung, wo ganze Massaker bestritten werden – sei es der Holocaust oder der Völkermord an den Armeniern. In China ist es nicht möglich, Informationen über die gewaltsame Niederschlagung der Demonstrationen von 1989 auf dem Tian'anmen-Platz zu bekommen. Der Volksaufstand auf dem »Platz des Himmlischen Friedens« wird gegenüber der eigenen Bevölkerung komplett totgeschwiegen.

Wie du aus dem Raum der Verleugnung herausfindest

Um den Raum der Verleugnung zu verlassen, musst du gestehen. Anders kommst du hier nicht heraus. Du musst die Show ein für alle Mal beenden. Es ist wie bei einem Treffen der Anonymen Alkoholiker. Wenn du dort vor der Gruppe sprechen willst, beginnst du immer mit den Worten: »Mein Name ist ... und ich bin alkoholabhängig.« Solange du lügst, abstreitest und verheimlichst, übernimmst du keine Verantwortung für deine Handlungen. Das Eingeständnis ist der erste Schritt im Heilungsprozess. Die Wahrheit auszusprechen mag zuerst schmerzhaft wirken, aber es ist so, als ob du einen großen Splitter aus deiner Hand entfernen würdest. Danach wirst du dich sehr viel befreiter fühlen.

Im ersten Schritt musst du es vor dir selbst zugeben. Woher weißt du, dass du etwas verleugnest? Beobachte deine Emotionen. Sie sind der Indikator. Denkst du an einen bestimmten Umstand in deinem Leben oder an etwas, was du getan hast, und du fühlst dich bedrückt, ängstlich oder bist verärgert, dann frage dich, ob du etwas nicht wahrhaben willst. Im nächsten Schritt musst du dich öffnen. Du musst es nicht sofort der ganzen Welt erzählen. Sprich vielleicht erst einmal mit jemandem, dem du vertraust.

In dem oben genannten Beispiel hat Leon sich nicht getraut, seinem Freund zu sagen, was er über bestimmte Dinge denkt. Als er anfing zu erkennen, dass er sich oft über ihn ärgert und dies verleugnet (erster Schritt), entschied er, es in kleinen Portionen rauszulassen (zweiter Schritt). Es sagte seinem Freund zuerst nur eine Sache, die ihn störte, und bekam dadurch die Sicherheit, dass nichts Schlimmes passiert, wenn er es tut. Im Gegenteil: Er merkte, dass er sich danach viel besser fühlte und auch die Beziehung zu seinem Freund eine andere Tiefe und größere Verbundenheit erfuhr.

Praktische Impulse

Beobachte und erkenne

Sicher hast du beim Lesen dieses Kapitels selbst bemerkt, ob bei dir etwas unter dem Teppich schmort. Nimm dir etwas Zeit, um dich mit dir selbst darüber zu unterhalten, was du verleugnest. Vielleicht fühlt es sich scheinbar besser an, als die Wahrheit einzugestehen. Doch bemerke: Du leidest in diesem Raum. Verleugnung ist keine Freiheit, sondern sehr schmerzhaft. Sie lässt keine wirkliche Beziehung zu. Und auf Dauer ist sie anstrengend.

Öffne dich!

Öffne dich einem Menschen und erzähle ihm, was du bisher verleugnet hast. Beginne mit einer Person, der du vertraust, und nimm die Erleichterung wahr, die eintritt, wenn du die Wahrheit ausgesprochen hast.

Der Raum der Verleugnung im Überblick

Zustand	**Gedanken · Glaubenssätze**
In diesem Raum will man die Realität nicht wahrhaben. Man verschleiert und lügt. Der Raum der Verleugnung ist ein Seitentrakt der Kontrolle.	• Das stimmt nicht. • Das war ich nicht. • Das ist nie passiert. • Das ist vielleicht einmal passiert, kommt aber nie wieder vor. • Deine Wahrnehmung ist falsch. • Wenn es herauskommt, werde ich abgelehnt und nicht mehr geliebt. • Wenn es herauskommt, werde ich verurteilt und bin schuld. • Wenn es herauskommt, bekomme ich nicht mehr, was ich brauche/mir wünsche.

Emotionen	Handlungsmuster	Ausweg
• Ängstlich, trotzig, abgeschnitten, kurz angebunden, aggressiv, einsam. • Angst, entdeckt oder erkannt zu werden. • Angst, in den Minderwert- oder Schuld-Raum zu rutschen.	• Vertuscht die Wahrheit, lügt bis zu dem Punkt, dass er/sie sich selbst glaubt, erfindet immer neue Geschichten, spielt Tatsachen herunter, geht fremd und vertuscht es, verwirrt, manipuliert, schmeichelt, blendet, attackiert, ignoriert Tatsachen. • Versucht, sich in ein besseres Licht zu setzen. Will Macht ausüben, Konflikte vermeiden, den Selbstwert erhöhen. • Diebstahl und Betrug.	• Beobachten und erkennen: Verleugnung ist Leiden und keine Freiheit. • Sich vor sich selbst die Wahrheit eingestehen. • Sich jemandem öffnen und die Wahrheit gestehen.

Raum sieben
Der Widerstand-Raum

Ich wurde schon als Kind
Trotzkopf genannt.

Malou, Mitte 30

Mich bringen manchmal sogar
Komplimente von Männern in den Widerstand.
Wollen die mich manipulieren? Jeder kann für mich
potenziell zum Angreifer werden, vor dem
ich mich schützen muss.

Katharina, Anfang 40

Angelo ist in einer lauten, aggressiven Atmosphäre aufgewachsen. Seine Mutter hat häufig geschrien und ständig etwas von ihm verlangt. Um sich zu schützen, ist er innerlich abgetaucht. Er baute eine Mauer um sich herum und reagierte einfach nicht mehr auf Geschrei oder Ansprüche. Dieses Verhaltensmuster überträgt er heute auch auf andere Beziehungen. Wenn seine Frau etwas von ihm will, das er nicht machen möchte, wechselt er in seine Bunkermentalität, schweigt oder antwortet nur noch sehr einsilbig. Je mehr seine Partnerin versucht ihn zu erreichen, desto dicker werden die Wände um ihn herum. Er taucht ab in den passiven Widerstand.

Wie du in den Widerstand-Raum hineingerätst

Nach Hybris und Verleugnung ist dies ein weiterer Seitentrakt des Kontroll-Raums. Hier koordinierst du deine Verteidigung und hältst dir damit andere Leute und ihre echten oder vermeintlichen Forderungen vom Leib. Den Widerstand-Raum betrittst du, um dich zu schützen. Du willst verhindern, in schmerzhaftere Zustände wie Ohnmacht, Minderwert oder Schuld zu geraten. Der Widerstand-Raum hat dicke Mauern, hinter denen du in Deckung gehst und eventuell durch Schießscharten zurückfeuerst. Du betrittst den Zustand, wenn du dich überfordert fühlst oder glaubst, dass dich jemand bedroht, kritisiert, unter Druck setzt oder manipuliert. Vielleicht denkst du auch, dass dir etwas weggenommen werden soll. »Ich will das nicht!« »Lasst mich alle in Ruhe!« »Alle wollen ständig etwas von mir!« »Euch werde ich es zeigen!« Das sind Kerngedanken in diesem Raum. Betrittst du diesen Bunker, bist du trotzig, wütend, abgegrenzt und beleidigt. Die Außenwelt wird als Feind wahrgenommen, und du wirst Wege suchen, um dich aus Situationen herauszuziehen oder Anforderungen abzublocken. Manchmal passiert dies lautstark und manchmal, indem du einfach nur schweigst. Entweder du kämpfst und schlägst um dich oder du machst dicht und ziehst dich zurück. Dieser Zustand kann an das Verhalten von trotzigen Kindern oder rebellischen Teenagern erinnern.

Wolfgang ist mittlerweile Rentner. Als Kind hatte er seine Mutter als sehr übergriffig erlebt. Den Kampf gegen Bevormundung setzte er später auch in seinem Berufsleben fort – er geht eher in den aktiven Widerstand:

> Sie hat mich extrem bemuttert. Als ich anfing zu studieren, konnte ich keine Straßenbahnkarte selber kaufen. Die Rundumversorgung meiner Mutter hat mir keine Chance gegeben zu atmen. Sie war eine richtige Übermutter, und ich habe mich erst sehr spät dagegen gewehrt. Ab der Pubertät habe ich angefangen, sie zu bekämpfen.
>
> Extreme Widerstände hatte ich aber auch in meiner Tätigkeit als Lehrer. Nicht gegenüber Schülern oder anderen Lehrern, sondern gegenüber dem Schulleiter. Ich habe gegen seinen Führungsstil und gegen sein Verhalten mir gegenüber rebelliert. Er hat versucht, mich zu bevormunden, mich extrem kritisiert und nicht anerkannt, was für eine Leistung ich erbrachte. Ich wollte mich aber von ihm nicht kleinkriegen lassen, sondern habe immer dagegengehalten. In Lehrerkonferenzen habe ich sehr klar Position gegen ihn bezogen. Ich habe ihn richtig niedergemacht und oft auch massiv persönlich angegriffen. Ich konnte damals gar nicht anders.

Der Hang zum Widerstand wird oft in der Kindheit schon ausgeprägt. So auch bei Katharina. Sie ist in der ehemaligen DDR aufgewachsen und gehörte als Kind und Teenager der Leistungssport-Kaderschmiede an. Damals fühlte sie sich den Trainern ausgeliefert. Heute reagiert sie sehr empfindlich, wenn sie Bevormundung nur wittert:

> Widerstand kann immer dann bei mir auftauchen, wenn ich das Gefühl habe, dass sich Menschen über mich erheben, Druck auf mich ausüben oder auch versuchen, mich kleinzumachen. Dann werde ich ganz laut,

> mache mich groß und schlage zurück. Es ist Trotz. Ich will dann gar nicht mehr hören, was genau gesagt wird. Ich mache sofort dicht, und wenn ich meine Gedanken bewusst hätte, wäre das: »Bevor der mich vernichtet, vernichte ich ihn!«

Es kann sein, dass du in den Widerstand-Raum einziehst, weil du oft mit Minderwertgefühlen zu tun hast. Deine Selbstkritik ist dann bereits schmerzhaft genug, und alles, was jetzt noch hinzukommt oder hinzukommen könnte, erlebst du als zu heftig. Du reagierst schon empfindlich, wenn dein Gegenüber eine scherzhafte Bemerkung macht.

Vielleicht wirst du auch getriggert, wenn dir jemand einen Ratschlag erteilt. Im Hintergrund aktiviert sich dann die Sorge, dass du etwas nicht richtig kannst und den Rat dringend brauchen würdest. Das willst du auf keinen Fall, also wehrst du ab.

Du kannst den Widerstand-Raum auch als Schutzraum nutzen, um dem Gefühl von Schuld zu entgehen. Marlene zum Beispiel kann sehr aggressiv werden, wenn ihr Vorwürfe gemacht werden:

> Wenn mir jemand die Schuld zuweist, kann ich sofort einen Streit vom Zaun brechen. Ich mache Gegenvorwürfe und suche Argumente, die mich entlasten. Meine Schultern und Arme sind dann unheimlich angespannt. Wenn das erst einmal angetippt ist, bin ich in einer ständigen Rechtfertigungsspirale. Ich kann dann stundenlang darüber sinnen, warum ich nicht schuld bin, warum der andere schuld ist, was er falsch gemacht hat und so weiter.

Befindest du dich einmal im Widerstand-Raum, erlebst du die anderen als Angreifer. Dein Verstand kann ein Gegenüber dann regelrecht dämonisieren und dir gute Begründungen liefern, warum du das Recht hast zurückzuschlagen. Du fühlst dich als Opfer und bist sicher, dass dein Problem von den anderen verursacht wurde. In diesem Zustand können Feldzüge gestartet werden. Vielleicht führst du einen Rosenkrieg mit deiner Partnerin, kämpfst mit allen Mitteln um das Sorgerecht eurer Kinder, um Unterhaltszahlungen oder das Vermögen, das ihr gemeinsam besitzt. Du feuerst trotzig aus deinem Bunker und weichst keinen Millimeter zurück. Die Person, die du mal sehr geliebt hast, ist nun dein größter Feind. Du erkennst nicht, wie viel Leid du damit dir selbst und deiner Familie zufügst.

Du wirst aus dem Widerstand-Raum heraus sogar körperliche Gewalt anwenden, wenn du glaubst, dir nicht anders helfen zu können. Ob du eher dichtmachst, jemanden verbal attackierst oder mit Fäusten, wird in der Regel von deinen frühen Erfahrungen bestimmt. Hast du als Kind selbst körperliche Gewalt erlebt, ist die Wahrscheinlichkeit höher, dass du heute selbst zuschlägst, wenn du dich in die Enge getrieben fühlst.

Widerstand ist neben Hybris und Bedürftigkeit der Raum, aus dem heraus Regierungschefs Militärinvasionen starten. Innerhalb der Bunkermentalität folgt man der Logik, dass ein Krieg geführt werden muss, um einen Krieg zu verhindern. Man wolle sich schließlich nur verteidigen und vorbeugen. Der Irakkrieg im Jahr 2003 war ein Beispiel dafür, wie der Verstand Gründe kreieren kann, um einen Angriff zu rechtfertigen. Die USA und Großbritannien befehligten eine »Koalition der Willigen«, um militärisch gegen den Irak vorzugehen. Der Vorwurf lautete: Die irakische Regierung besitze Massenvernichtungswaffen, die einen Präventivschlag notwendig machen. Die anschließende Invasion und Besetzung des Irak kostete Hunderttausende Menschenleben und destabilisierte die gesamte Region auf Jahre hinaus. Massenvernichtungswaffen wurden nie gefunden.[11]

Wie du aus dem Widerstand-Raum herausfindest

Es herrscht ein bestimmter Glaube bei sehr vielen Menschen: »Wenn ich etwas nicht will, dann muss ich extrem laut werden, mich sehr hart machen und bereit sein, Schwert und Schild auszupacken. Ansonsten werde ich nämlich nicht gehört und einfach untergebuttert.« Das führt sie dann in den Widerstand, obwohl die Situation sehr leicht auch anders zu entspannen wäre.

Du musst nämlich nicht in den Widerstand-Raum einziehen, um Nein zu sagen. Du brauchst auch nicht Schwert und Schild auszupacken, um jemandem mitzuteilen, dass du etwas nicht möchtest. Es ist möglich, offen und liebevoll in Verbindung mit deinem Gegenüber zu bleiben und zum Beispiel auf eine Bitte oder einen Vorschlag hin zu antworten: »Danke, dass du fragst, und nein.« Oder: »Danke, dass du mir diesen Rat gibst. Und nein, ich möchte ihn nicht befolgen.« Bloß weil andere eine andere Wahrheit haben, musst du deine Mitmenschen nicht zu Feinden erklären.

»Danke, dass du fragst, und nein.«

Nun fragst du dich vielleicht: »Aber was mache ich, wenn jemand immer weiter Druck auf mich ausübt?« Die Antwort ist einfach: Niemand kann Druck auf dich ausüben. Du übst selbst Druck auf dich aus. Verdaue die Aussage erst mal für einen Moment: Niemand kann Druck auf dich ausüben.

Nehmen wir ein Beispiel: Deine Chefin sagt dir, dass du etwas Bestimmtes tun sollst, was du aber nicht machen möchtest. Wer trifft die Entscheidung, es zu tun oder nicht zu tun?

Du. Immer nur du. Du hast wahrscheinlich gute Gründe, es zu machen, weil du ansonsten deinen Job verlieren könntest oder weil du es dir mit deiner Chefin nicht verscherzen willst. Nichtsdestotrotz bleibt es deine Entscheidung. Du bist derjenige, der Ja sagt. Also bist du auch verantwortlich für deine Zustimmung und für alles, was daraus erwächst. Es ist unaufrichtig, im Nachhinein zu sagen: »Sie hat mich gezwungen. Sie hat Druck auf mich ausgeübt!« Denn niemand kann dich zwingen. Du hast die Entscheidung getroffen und hättest dich genauso gut dagegen entscheiden können, wenn es dir lieber gewesen wäre, die Konsequenzen zu tragen.

Du weißt, dass du im Widerstand-Raum sitzt, wenn du nicht frei handelst, sondern in Abwehr gegen andere. Alles in diesem Buch dreht sich darum, dich in die Freiheit zu führen. In die Freiheit wovon? Von den emotionalen Zuständen, die dich daran hindern, dein Leben bestmöglich zu gestalten.

Es gab und gibt Vorbilder in der Geschichte der Menschheit, die ihrer Wahrheit folgten und dabei vollkommen friedvoll lebten. Die berühmtesten sind vermutlich Mahatma Gandhi und Martin Luther King II. Sie folgten dem, was sich richtig anfühlte, und handelten dabei sogar gegen die Gesetze ihrer Zeit. Sie waren keine Opfer und bereit, die Konsequenzen für ihre Überzeugungen zu tragen. Dafür mussten sie niemanden zum Feind machen, und gerade dadurch bekamen ihre Handlungen Kraft.

In seinen Workshops für Körperintelligenz zeigt Karl Grunick eine Übung, bei der ihn vier bis sechs kräftige Männer an Armen und Beinen am Boden fixieren. Dann versucht er, sich zuerst mit Kraft und Widerstand aus deren Griff zu befreien. Doch solange er gegen die Männer kämpft, hat er keine Chance. Durch seinen Druck erzeugt er bei den anderen noch mehr Gegendruck. Je stärker er kämpft, umso mehr halten sie dagegen. Aber in dem Moment, wo er die Situation *akzeptiert, sich hingibt und öffnet,* können die Männer ihn nicht mehr halten. Er geht in einen Zustand innerer Weite und bewegt sich flüssig und entspannt aus der Umklammerung heraus. So oft ich diese Übung bereits gesehen und auch selbst mitgemacht habe, sie erzeugt dennoch immer wieder Erstaunen und Ehrfurcht in mir. Eine Intelligenz, die größer ist als der Verstand, übernimmt das Ruder, wenn du dich hingibst, sagt Eckhart Tolle in vielen seiner Vorträge. Wenn du in Kontakt mit dieser größeren Intelligenz bist, dann sind alle Handlungen und alle Entscheidungen mühelos und im Gleichklang mit dem Universum. Du bist dann nicht mehr identifiziert mit deinen Ego-Zuständen, sondern verbunden mit einem größeren Selbst.

Wenn du in deinem Alltag feststellst, dass du etwas nicht möchtest, dann akzeptiere erst einmal die Situation, so wie sie ist. Werde innerlich weich oder flüssig und agiere dann aus dieser veränderten Energie heraus: Erst akzeptieren, dann agieren.

Dein Widerstand kann sich auch nach innen gegen dich selbst richten. Du willst dann bestimmte Emotionen oder Schmerzen abwehren, die in dir hochsteigen. Hier kämpfst du nicht mehr gegen die Realität im Außen, sondern gegen deine innere. Du möchtest etwas nicht akzeptieren. Vielleicht ist es eine Trauer oder Wut, die nicht hochkommen darf, weil du Angst davor hast, dass sie dich überwältigen könnte. Dadurch, dass du sie unterdrückst, verschwindet sie allerdings nicht. Solange du eine Emotion bekämpfst, existiert sie als dunkle Kraft im Untergrund, die versuchen wird, bei jeder Gelegenheit, die sich bietet, nach oben zu kommen. Vielleicht schießt sie an die Oberfläche, nachdem du Alkohol getrunken hast, und du wunderst dich am nächsten Morgen selbst über deine heftigen Reaktionen. Es könnte aber auch sein, dass die unterdrückten Energien deinen Körper attackieren und Krankheiten verursachen. Das geschieht nicht, weil diese Emotionen bösartig sind, sondern weil sie ab einem bestimmten Druck einfach irgendwohin entweichen müssen.

Darum ist es wichtig, dass du dir erlaubst, deine Emotionen zu fühlen und zuzulassen. Das bedeutet nicht, dass du ab jetzt nur noch weinend in der Ecke sitzt oder beim geringsten Anlass die nächstbeste Person anbrüllst. Das wäre sehr anstrengend und würde viel verbrannte Erde auf deinem Weg hinterlassen. In manchen Therapieformen wird bewusst laut geschrien oder auf Kissen eingeschlagen, und es mag sich vielleicht erst einmal gut anfühlen, wenn du Emotionen auf diese Art und Weise ausagierst. Die Energie ist dann für den Moment draußen. Aber dadurch ist sie nicht transformiert. Dein Dampfkessel wird nämlich neuen Druck aufbauen, bis du das Ventil erneut lautstark öffnen musst.

Emotionen zuzulassen heißt, dass du sie ganz im Sinne der Achtsamkeit, um die es hier schon so oft ging, *akzeptierst* und annimmst, so wie sie sind. Du erlaubst ihnen, an die Oberfläche zu kommen, während du sie dabei liebevoll beobachtest. Genauso wie bei der Inneres-Kind-Arbeit machst du daraus eine Medtation, und auch hier ist deine Perspektive der entscheidende Faktor. Du wirst nicht eins mit der Emotion, sondern hältst als Beobachter einen gewissen Abstand zu ihr. Ein Teil deiner Aufmerksamkeit folgt dabei die ganze Zeit der Atmung, um dich präsent und im Hier und Jetzt zu halten. Vielleicht wirst du bei dem Prozess weinen vor Trauer oder zittern vor Wut, aber du verlierst dich nicht in der Geschichte. Du bist nicht die Emotion, du hast eine Emotion. Du nimmst aus deiner inneren Weite heraus wahr, dass sie nur eine Wolke ist, die in deinem Wahrnehmungsfeld auftaucht, für einige Zeit da ist und dann wieder vergeht.

Genauso wie mit deinem Widerstand vor Emotionen kannst du auch mit dem Widerstand gegen körperliche Schmerzen arbeiten. Denn je mehr du eine Abwehr gegen das Körpergefühl aufbaust, desto stärker wird das Leiden: Druck erzeugt Gegendruck. Anstatt also in den Widerstand zu gehen, erlaube dir, den Schmerz aus deiner Beobachterposition zu erspüren. Nimm wahr, wie es sich im Hier und Jetzt anfühlt: Pocht es, brennt es, wird es gerade stärker oder schwächer? Wo schmerzt es gerade nicht im Körper? Welche Stellen sind nicht beeinträchtigt davon?

Folge nicht den Gedanken von: »Ich will es nicht haben. Es soll weggehen. Gestern war es besser. Was ist, wenn es nicht mehr aufhört ...« Bring deine Aufmerksamkeit weg von den Geschichten, die dein Verstand kreiert, sondern beobachte einfach liebevoll aus der Stille. Je mehr du in der Lage bist, das Körpergefühl zu akzeptieren und dich hineinzuentspannen, desto leichter wird es.

Katharina, die früher in der DDR-Kaderschmiede war, lernte mit der Zeit zu erkennen, wenn sie sich mal wieder im Widerstand-Raum befand. Das konnte zum Beispiel passieren, wenn ihr Partner einen Vorschlag machte und sie dies als Manipulation auffasste. Wenn sie dann die Wut und den Widerstand in sich spürte, wusste sie, dass sie wieder im dem bekannten Raum war. Sie schaffte innerlich mehr Bewusstsein, und dadurch entstand automatisch mehr Abstand zu dem Zustand. Sie agierte ihren Ärger nicht mehr aus, sondern konnte ihrem Partner liebevoll mitteilen, was sie sich wünschte. Katharina lernte dadurch, dass sie keinen Krieg beginnen muss, um ihre Wahrheit zu leben.

Praktische Impulse

Kommuniziere klar und liebevoll

Du musst nicht kämpfen, um deine Wahrheit zu leben. Übe dich darin, entspannt und liebevoll zu kommunizieren. Sag auf eine Anfrage hin, der du nicht nachkommen willst, zum Beispiel: »Danke, dass du fragst, und nein.« Oder auf einen nicht willkommenen Rat hin: »Danke für den Rat. Und nein, ich gehe meinen eigenen Weg.«

Beobachte und erkenne

Versetz dich auch in dein Gegenüber hinein. Dann erkennst du: Er ist kein Feind, sondern handelt auf seine Weise, weil er nicht anders kann. Halte dich an den römischen Dichter Terenz, der sagt: »Ich bin ein Mensch, darum ist mir nichts Menschliches fremd.« Denn sicherlich kannst du das, was der andere wohl gerade erlebt, in dir selbst auch finden.

Akzeptiere deine Emotionen

Solange du deine Emotionen unterdrückst, wirst du durch sie angetriggert, in den Widerstand zu gehen. Besser ist es daher, sie anzunehmen. Dafür musst du sie nicht ausagieren. Beobachte sie, nachdem du mit den Schritten der Achtsamkeit einen Abstand zu ihnen geschaffen hast.

Wenn dein Widerstand gegen eine Emotion besonders stark ist, dann arbeite nicht direkt mit ihr, sondern zuerst mit deiner Angst vor ihr. Frage dich: Was ist das Schlimmste, was passieren könnte, wenn du die Emotion zulässt? Als Antwort kommt dann vielleicht: »Die Trauer wird mich überwältigen.« »Ich werde vor Wut ausrasten.« Oder »Wenn ich die Minderwertgefühle zulasse, bleibt von mir nichts mehr übrig.«

Nimm deine Antwort und hinterfrage den Gedanken mit der Methode The Work, die du im Hybris-Raum kennengelernt hast.

Als Faustregel gilt: Kümmere dich immer zuerst um die Energie, die sich am stärksten zeigt. Wenn du ein T-Shirt waschen willst, das an einer Stelle einen besonders hartnäckigen Fleck hat, dann wirst du diesen Fleck zuerst einweichen oder mit einem Mittel bearbeiten, bevor du das T-Shirt in die Waschmaschine steckst. Deine Angst ist dieser Fleck – du kümmerst dich am besten zuerst um sie. Wenn du also eine Emotion nicht akzeptieren kannst, dann akzeptiere, dass du sie gerade nicht akzeptieren kannst. Akzeptiere, dass da gerade Angst ist – und arbeite mit ihr, wenn du frei sein willst.

Der Widerstand-Raum im Überblick

Zustand	Gedanken · Glaubenssätze
Dies ist der Raum der Abwehr und der Verteidigung. Hier herrschen Trotz, Ablehnung, Dickköpfigkeit und der Widerstand gegen Dinge im Außen oder gegen die eigenen Emotionen. Auch dieser Raum ist ein Seitentrakt des Kontroll-Raums.	• Ich will das nicht. • Ich kann das nicht. • Das ist zu viel. • Alle wollen etwas von mir. • Ich bin überfordert. • Lasst mich in Ruhe! • Nein! • Was fällt dir ein! • Wenn ich keinen Widerstand leiste, dann werde ich überrollt.

Emotionen	Handlungsmuster	Ausweg
• Trotzig, aggressiv. • Fühlt sich unter Druck und in die Ecke gedrängt, überfordert, bedroht, infrage gestellt. • Angst, nicht gesehen oder respektiert zu werden, Angst, übergangen zu werden, Angst manipuliert zu werden, Angst, dass einem etwas weggenommen wird. • Widerstand, um nicht in den Minderwert-, Schuld- oder Ohnmacht-Raum gehen zu müssen.	• Kämpft, rechtfertigt sich, grenzt sich ab, schlägt um sich, wird laut, wehrt sich, schießt zurück, wendet auch körperliche Gewalt an. • Dämonisiert andere. • Geht weg, macht dicht, zieht sich zurück, schweigt.	• Üben, liebevoll die eigene Wahrheit zu sagen. Zum Beispiel: »Danke, dass du fragst, und nein.« • Nicht den Emotionen und der Wut folgen, sondern sie aus der Weite der Achtsamkeit heraus beobachten. • Beobachten und erkennen: Das Gegenüber ist kein Feind, sondern kann nicht anders handeln – so wie man selbst auch.

Raum acht
Der Raum der Gier

Fast jeden Tag kamen ein, zwei oder drei Pakete,
sodass ich mich schon selber über die Masse ekelte.
Wenn ich vor dem Kleiderschrank stand und die Sachen
einsortierte, wurde mir diese Kontrolllosigkeit bewusst.
Dann dachte ich: Okay, ich habe jetzt die 38. Bluse.
Oder ich merkte, dass ich denselben Pullover nun
in dreifacher Schattierung besaß. Ich bekam dann
furchtbare Angst, dass ich uns mit meiner Kaufsucht
finanziell in den Ruin treibe. Aber kurz darauf
bestellte ich schon wieder was Neues.

Verena, Anfang 40

Der Raum der Gier ist für ein ausschweifendes Dauerspektakel eingerichtet. In diesem Raum willst du feiern, Sex haben, üppig essen, trinken und Drogen nehmen. Vielleicht hast du auch eher Lust zu shoppen, zu wetten, willst das große Geschäft an der Börse machen oder auf einer Bühne stehen und den Beifall genießen. Manchmal bist du allein auf der Partymeile und manchmal zusammen mit anderen. Doch am Ende geht es sowieso nur um dich. Denn dieser Zustand ist sehr egozentrisch: »Ich muss es haben! Ich bin als Erster dran! Ich brauche es jetzt! Gib es mir! Sofort!« Geduld ist hier nicht deine Stärke. Du befindest dich schließlich im Rausch: »Nach mir die Sintflut.« Was nicht zu deiner Befriedigung beiträgt, wird ausgeblendet. Alle, die dich bei der Erfüllung deiner Wünsche behindern, nimmst du als nervtötende Langweiler und Partybremsen wahr. Oder vielleicht erlebst du den Gier-Raum nicht so extrem, sondern es ist das Stück Kuchen, das du unbedingt haben musst, das neuste Handymodell oder diese Schuhe.

Wie du in den Raum der Gier hineingerätst

Der Raum der Gier ist ein Seitentrakt der Bedürftigkeit. So wie im Raum der Bedürftigkeit empfindest du auch in diesem Zustand ein Gefühl von Mangel und Dürre. Hier wirst du aber nicht quengeln, sondern dir einfach nehmen, was du willst. Du wirst versuchen, einen emotionalen Zustand von Sättigung zu erreichen. Ist die Sättigung da, fühlt es sich für einen kurzen Augenblick gut und euphorisierend an. Aber eben nur für einen kurzen Augenblick. Wirkliche Befriedigung stellt sich nicht ein, weil du nie wirklich ankommst. Denn du versuchst, vor der Realität wegzulaufen – du willst nicht fühlen, was *Hier und Jetzt* wirklich in dir anwesend ist. Möglicherweise würdest du dann nämlich Leere, Unruhe, Einsamkeit oder Langeweile wahrnehmen. Doch weil du nicht gelernt hast, mit diesen Zuständen umzugehen, wählst du den Gier-Raum als Zufluchtsort. Es ist wie ein Schuss, den du dir setzt. Wenn du dann aus deinem Rausch erwachst, hast du einen

Kater, und oft genug geht er mit einem Gefühl von Scham einher. Doch die Scham wird schnell verdrängt, und du wirfst dich erneut in den Partyraum, auf der Suche nach dem nächsten Erlebnis.

Katharina zum Beispiel hat viele Jahre ihres Lebens im Rauschzustand verbracht: Männer, Partys, Drogen, Essen – alles diente ihr dazu, um sich selbst nicht spüren zu müssen:

> Es war wie ein Sog. Oder wie eine Schanze – und dann nahm ich die Fahrt eben mit: exzessive Partys mit Drogen, aufgewühlt sein, tanzen. Dieses pulsierende Leben, wo alle Sinne eine Überdosis kriegen. Auch in Beziehungen. Ich wollte Männer kennenlernen und immer alles sofort. Wie ein ausgehungerter Wolf, der sich auf Beute stürzt und schlingt, schlingt, schlingt. Da war ständig ein Gefühl von: Oh mehr! Das darf nicht aufhören! Wenn es aufhört, ist es langweilig.
>
> Oft war es so krass, dass der Körper mich dazu gezwungen hat, Pause zu machen: Ich bin depressiv geworden. Der Preis ist extrem hoch für solche exzessiven Zeiten.

Gier kann auch eine Trotzreaktion sein. Hast du deine Wünsche über einen langen Zeitraum unterdrückt, weil du dich minderwertig oder schuldig fühlst, dann folgt dem oft die Gier als eine Form der Auflehnung und Rebellion. Verena zum Beispiel kümmerte sich immer zuerst um andere, weil sie glaubte, dass deren Bedürfnisse wichtiger sind. Bis ihr der Kragen platzte.

> So viele Leute sind über meine Grenze getreten, und ich dachte jedes Mal: »Immer ich! Immer bin ich der Blödmann.« Und dann ging irgendwann der Trotz los. Wut und eine Scheißegal-Haltung. Ich wurde zum Wutbürger. Und diesem Trotz folgte der Kaufrausch. Die Konsequenzen interessierten mich nicht. Ich nahm mir etwas, weil ich meinte, dass es mir zusteht, und weil ich es an einer anderen Stelle nicht bekam. Ich ver-

brachte dann wahnsinnig viel Zeit vor dem Computer auf Schnäppchenjagd, die ja auch ein Selbstbeschiss ist, weil man sich vorgaukelt, dass es sooo eine gute Gelegenheit ist. Währenddessen war ich voller Schuld- und Schamgefühle. Immer wieder war da dieser Zug zum Computer – wie ein Magnet. Es ließ mich gedanklich nicht los. Wie ein Terrier, der sich in meinen Gedanken verbissen hatte: »Los, wenn du es jetzt nicht kaufst, dann kriegst du es nicht mehr. Dann ist die Aktion vorbei.« Ich kaufte es dann manchmal nur, weil ich den Gedanken daran los sein wollte. Ich wollte, dass es mich loslässt im Kopf.

Möglicherweise bezieht sich deine Begierde nicht auf Objekte, Essen oder Drogen, sondern auf Menschen. Anstatt nach Dingen gierst du nach Personen, weil du nicht allein sein willst. Du brauchst immer jemanden, den du anrufen oder mit dem du dich treffen kannst – real oder virtuell. Im Zweifel ist es dir auch egal, wer es ist. Hauptsache, irgendein Kontakt wird hergestellt, um keine Einsamkeit aufkommen zu lassen. Vielleicht verabredest du dich sogar mit mehreren Leuten für den gleichen Zeitpunkt, um nur ja sicherzugehen, dass du am Ende nicht allein dastehst. Dass dann einige sauer auf dich sein könnten, nimmst du dafür in Kauf.

Wenn du ein Dauermieter im Kontroll-Raum bist, dann wirst du den Raum der Gier vielleicht als Kurzurlaub nutzen, um von deinen ganzen Pflichten und Ansprüchen wegzukommen. Möglicherweise arbeitest du die ganze Woche durch, um dich dann am Wochenende richtig »abzuschießen«. Je nach Vorliebe betäubst du dich mit Alkohol, Drogen, Partys oder Sex. Im Extremfall stellt sich dann ein dauerhafter Jo-Jo-Effekt zwischen Kontrolle und Gier ein, wie bei einer Bulimie-Erkrankung. Liam ist in seinem Beruf sehr stark eingebunden und pendelt zwischen genau diesen beiden Polen hin und her:

> Manche sagen zu mir: »Mein Gott, du bist so ein Kontrollfreak.« Aber das hat eine Kehrseite, die kaum jemand kennt. Denn als Ventil, um die Kontrolle mal loszulassen, lasse ich mich gehen. Es sind dann so Attacken, wo ich zum Beispiel unkontrolliert Zeug im Internet lese oder irgendetwas esse – egal was, ohne zu schauen, ob mir das guttut oder nicht. Ich bin dem dann ausgeliefert – auch der Gier nach Sex. Ich schaue dann Pornos und masturbiere, genieße das aber nicht. Es wird einfach abgehandelt. Jede Selbstbeobachtung geht dabei flöten. Es fühlt sich leer an, farblos. Ich will nur den Effekt haben, sodass ich danach entspannt bin. Aber es ist keine richtige Entspannung, sondern eher eine leere Erschöpfung. Ja, es ist mehr Ablenkung als Entspannung. Es fühlt sich nicht gut an.

Der Gier-Raum dient immer deiner Ablenkung. Weil du kein anderes Instrument hast, nutzt du deine jeweiligen Suchtmittel, um deine Aufmerksamkeit weg von deinen nagenden Gedanken und hin zum Rausch zu verlagern. Oft passiert es, dass wir den Raum der Gier in einer schwierigen Lebenssituation betreten, um nicht die ganze Zeit an unsere Probleme denken zu müssen. Wie bei Miriam:

> Als mein Mann sich von mir trennte, bin ich zum ersten Mal ins Kasino gefahren, um abzuschalten. Beim Spielen kann ich mich richtig wegbeamen. Es gibt Tage, da bin ich von nachmittags um vier bis morgens um drei dort – also elf Stunden. Ich bin dabei hochkonzentriert, weil ich an vier Tischen gleichzeitig spiele. Ich bin nur am Rennen. Ich setze dort die 20, dann renne ich rüber und setzte da die 17. Wenn ich hier bin, dann ist drüben schon wieder die Kugel gefallen. Also, das ist richtig anstrengend. Aber es hat mich nach der Trennung abgelenkt. Im Kasino war ich total weg davon.

Das weltweit größte Roulette findet an den Börsen statt. Hier verbindet sich die Gier gern mit der Hybris. Diese Raumverschmelzung kann fatale Folgen haben: Verantwortlich für die Finanzkrise 2008 war die Jagd nach immer höheren Profiten, gepaart mit der Überheblichkeit der Banker. Weil Banken und Spekulanten durch gewagte Finanzwetten immer größere und immer schnellere Renditen erzielen wollten, brach irgendwann das ganze Spekulationsgebäude in sich zusammen. Der Preis für die anschließende Rettung der Banken ist nicht genau zu berechnen, aber allein die deutschen Steuerzahler haben für dieses Glücksspiel einige Milliarden Euro gezahlt.

Nicht jeder Mensch, der reich ist, befindet sich zwangsläufig im Raum der Gier. Aber wenn du diesen Zustand betrittst, wirst du versuchen, immer mehr Besitz anzuhäufen. Wozu? Weil es geht! In Deutschland hat ein Konzernmanager in den 1980er-Jahren 40-mal so viel verdient wie ein einfacher Beschäftigter in demselben Unternehmen. Doch die Gier verlangte nach immer mehr. Darum haben die Manager – Jahr für Jahr – ihr Gehalt nach oben geschraubt. Mittlerweile verdienen sie zum Teil sogar zweihundertmal mehr als ihre Angestellten. Wer sich im Raum der Gier befindet, bekommt nie genug.

Es ist das Wesen der Gier, dass es nie reicht.

In diesem Zustand werden viele Menschen skrupellos. Sie befinden sich dann wie in einem Tunnel, und ihr Fokus ist ausnahmslos auf das Objekt ihrer Begierde ausgerichtet. Alles andere drumherum interessiert sie nicht. Umweltschutz oder Tier- und Menschenrechte sind dann nur Hindernisse auf ihrem Weg. Sie kaufen und konsumieren, ohne sich Gedanken über die Auswirkungen zu machen. Sie versuchen, sich zu nehmen, was sie haben wollen, und schrecken im Extremfall auch vor Betrug oder Diebstahl nicht zurück. Manche Regierungschefs und ihre Cliquen schaffen in solchen Zuständen über Briefkastenfirmen den Großteil der Staatsgelder außer Landes. Und es gibt zahlreiche Konzerne, Milliardäre, Politiker und Prominente, die Steueroasen nutzen, um ihr tatsächliches Vermögen zu verstecken.

Wer sehr tief in diese Gier hineinrutscht, respektiert schließlich keinerlei Grenzen mehr. Er wird dann auch nicht vor einem sexuellen Übergriff oder einer Vergewaltigung haltmachen, wenn es das ist, was er in dem Moment will, und selbst den Tod von Menschen in Kauf nehmen.

Wie du aus dem Raum der Gier herausfindest

Die zentrale Frage ist: »Berauschst du dich aus Liebe oder aus Angst, Ärger, Bedürftigkeit?« Ekstase, Besitz oder Genuss sind nichts Negatives. Du musst dir keine Verbote auferlegen und brauchst auch kein asketisches Leben zu führen, um dich von deinem Ego zu befreien. Tatsächlich sind Verbote nur weitere Kontrollideen deines Verstandes. Es ist das falsche Spiel dieser Stimme, dich zuerst in den Gier-Raum zu locken, um dann – etwas später – aus dem Kontroll- oder Schuld-Raum heraus zu bemängeln, dass du dich wieder hast gehen lassen. Egal ob Gier, Kontrolle oder Schuld: Es handelt sich immer um dieselbe Stimme, die da in deinem Verstand spricht. Um dich von ihr zu befreien, musst du frei von Angst, Ärger und Bedürftigkeit werden. Deswegen sollte deine zentrale Frage immer sein: »Aus welchem Bewusstseinszustand heraus tue ich etwas?«

Machst du die Dinge, weil es sich gut und frei anfühlt, oder weil du etwas dadurch vermeiden und wegdrücken willst? Geschieht es, um dein Ego zu befriedigen und dich aufzuwerten – oder aus Liebe?

Achtsamkeit und Nahrung

Im Raum der Gier dreht sich zwangsläufig alles um Konsum und Nahrung. Der Buddhismus begreift nicht nur Essen und Trinken als Nahrung. Alles, was du über deine Sinne aufnimmst, hat nämlich auch einen Effekt auf dich: Natur, Meditation, Musik, Singen und Sport sind genauso »Nahrung« wie die Inhalte aus dem Internet, aus Zeitungen, Büchern und Zeitschriften. All das wirkt sich auf deinen Körper, deinen Geist und deine Emotionen aus. Wenn du dich achtsam beobachtest, wirst du feststellen, dass dir manche Nahrung guttut und sich andere nicht so gut anfühlt. Manche Menschen können eine Nahrung in einer bestimmten Dosis gut vertragen – zum Beispiel Pressenachrichten –, aber ab einer bestimmten Menge fühlt es sich für sie nicht mehr gut an, weil der Verstand dann beginnt, immer mehr Sorgengedanken zu dem zu produzieren, was sie gelesen haben.

Auch deine Gedanken werden von deinem System absorbiert und verdaut – auch sie sind Nahrung. Wenn du in Sorgenschleifen gefangen bist, dann werden diese ebenfalls einen unmittelbaren Effekt auf deinen Körper und deine Psyche haben. Genauso ist es mit Gesprächen. Beobachte den Effekt, den es auf dich hat, wenn du mit jemandem über etwas Positives sprichst oder wenn ihr lästert.

Wir waren im Kloster angehalten, präzise wahrzunehmen, was wir den ganzen Tag über konsumieren. Wir sollten *beobach-*

ten, was uns gut nährt und was uns nicht so gut nährt. Denn dann wussten wir, von welcher Nahrung wir mehr zu uns nehmen konnten und von welcher wir besser die Finger lassen sollten.

Verena erkannte, dass sie sich nach einer Kaufattacke im Internet selten gut fühlte. So zu shoppen war keine positive Nahrung für sie. Darum beobachtete sie nach einem Termin bei mir präzise, wann der Kaufimpuls auftauchte, und schaute, welche Emotionen – neben Gier – noch anwesend waren. Sie nahm wahr, dass sie sich sehr oft wütend und einsam fühlte. Also praktizierte sie mit der Inneres-Kind-Arbeit und begann, liebevoll die kleine Verena mit Aufmerksamkeit zu füttern. Diese Nahrung war wesentlich nachhaltiger als Schuhe oder Pullover, und der Kaufimpuls wurde dadurch schwächer. Durch diese Praxis konnte Verena ihren Kaufrausch nach und nach transformieren. Wenn sie dennoch einer Kaufattacke nachgab und der innere Kritiker sie deshalb in den Schuld-Raum ziehen wollte, sagte sie sich: »Ich verzeihe mir. Ich habe es nicht besser hinbekommen.«

In der Suchttherapie ist der Rückfall ein Teil der Therapie. Also bleib liebevoll mit dir, wenn du merkst, dass du wieder in dein übliches Muster verfällst. Bleib sanft und dennoch diszipliniert. Für Disziplin musst du nicht auf den inneren Kritiker hören. Du bringst dich immer wieder freundlich auf deinen neuen Weg, weil du weißt, dass er dir besser bekommt als dein altes Handlungsmuster.

Praktische Impulse

Beobachte und erkenne

Nimm den Impuls der Gier wahr und folge ihm nicht direkt. Nimm das Tempo raus und beobachte präzise, welche Emotionen, Gedanken und Körperempfindungen mit der Gier auftauchen. Entscheide dann neu, ob du dem Impuls folgen möchtest.

Nimm auch immer besser wahr, welche Nahrung – im weitesten Sinne – dir guttut und welche nicht. Nimm dann jeden Tag mehr von der heilsamen Nahrung zu dir. Das, was dir nicht guttut, wird dabei automatisch weniger.

Ursächliche Gedanken hinterfragen

Warum möchtest du das tun, was du gerade tun willst? Willst du es in Freiheit und aus Liebe tun? Weil es sich gut anfühlt? Oder aus Angst, aus Ärger oder Bedürftigkeit? Wenn du Angst, Ärger oder Bedürftigkeit wahrnimmst, dann solltest du den Glaubenssatz ausfindig machen, der dahintersteckt. Ihn kannst du dann mit der Methode The Work, die du beim Hybris-Raum kennengelernt hast, hinterfragen.

Frage dich bei einer Angst: Wovor hast du gerade Angst, was ist das Schlimmste, was passieren könnte? Hier wird ein Satz über die Zukunft auftauchen: »Ich habe Angst, dass ... passieren wird.« Nun hinterfragst du den Satz: »Das und das wird passieren – ist das wahr? ...« Oder: »Ich werde mich dann so und so fühlen – ist das wahr? ...«

Bei Ärger fragst du, worüber du dich ärgerst. Hier wird ein Satz über jemanden oder etwas auftauchen: »Ich bin ärgerlich auf ... / weil ...« Nun hinterfragst du: »Er/sie hätte sich anders verhalten sollen – ist das wahr? ...« Oder: »Die sollten anders sein – ist das wahr? ...«

Bei der Bedürftigkeit geht es darum, was du brauchst. Hier wird ein Satz in dir sein, der beginnt mit: »Ich brauche …« Hinterfrage ihn: Ist das wahr?

Sei offen und liebevoll für das, was mit deinen Gelüsten oder Vorhaben passiert, und dennoch diszipliniert.

Der Raum der Gier im Überblick

Zustand	Gedanken · Glaubenssätze
Es ist ein Zustand von Heißhunger und Sucht, Brauchen und Habenmüssen. Es herrscht der Tunnelblick. Dieser Raum ist ein Seitentrakt des Raumes der Bedürftigkeit.	• Ich muss/will das haben. • Ich will es behalten. • Ich brauche es sofort. • Gib es mir. • Ich nehme es mir. • Es gehört mir. • Ich bin als Erster dran. • Jetzt erst recht. • Ich brauche mehr. • Wozu noch mehr? Weil es geht! • Ist mir doch egal! • Nach mir die Sintflut.

Emotionen	Handlungsmuster	Ausweg
• Gierig, ungeduldig, ausgehungert, (über-)erregt, angespannt, unruhig, überdreht, kämpfend, gereizt, berauscht, trotzig, gelangweilt, abgeschnitten, egozentrisch. • Angst vor Langeweile, Leere und Einsamkeit.	• Findet immer wieder Dinge, um sich zu beschäftigen oder zu konsumieren, ohne dass sich nachhaltig Befriedigung einstellt. • Übergriffig, stürzt sich kopflos in Sachen hinein, »nach mir die Sintflut«. • Begibt sich in Fantasiewelten und Tagträumereien, lenkt sich ab, vergeudet Zeit. • Will sich nicht wirklich spüren, belohnt sich, geht aus, klatscht und tratscht, betrügt und stiehlt, ist sexuell übergriffig. • Sucht nach Essen, Alkohol, Drogen, Internet, Wetten, Spielen, Sex, Shopping, Kontakten zu anderen.	• Nicht dem ersten Impuls folgen, sondern achtsam beobachten. • Liebevoll und diszipliniert sein. • Beobachten und erkennen: Warum wird etwas getan? Aus Liebe und in Freiheit? Oder aus Angst, Ärger, Bedürftigkeit? • Gedanken, die in die gierige Handlung treiben, mit The Work hinterfragen.

Raum neun
Der Raum der Verwirrung

Ich brauche immer eine Vergewisserung von jemandem. Selbst wenn ich eine E-Mail schreibe, rutsche ich in so ein Kleinkind-Ding: »Kannst du mal gucken? Ist das gut so?« Oder wenn ich mit jemandem essen gehe und die Teller kommen, denke ich grundsätzlich: Mist! Hättest du lieber auch mal das andere bestellt! Deshalb mache ich es mittlerweile so, dass ich schon aus Prinzip das bestelle, was der andere nimmt.

Marie, Mitte 30

Befindest du dich im Raum der Verwirrung, steckst du in einem Labyrinth aus Zweifeln. Das kann leicht passieren, du siehst dich schließlich heutzutage einer Unmenge an Informationen, Verlockungen und Möglichkeiten gegenübergestellt und musst dich laufend positionieren und entscheiden. Im Großen wie im Kleinen.

Wie du in den Raum der Verwirrung hineingerätst

Es beginnt damit, dass du in deinem Kopf unterschiedliche Stimmen hörst, die aus allen Richtungen rufen: »Hier geht es lang.« »Nein, das ist der wahre Weg.« »Komm hier rüber, hier liegt die richtige Entscheidung.« Du folgst zuerst der einen Stimme, doch dann wechselst du abrupt die Richtung, weil die andere Stimme ebenfalls sehr überzeugend klingt. Und dann ist da noch diese dritte Stimme ... und alle scheinen sie um dich zu werben und gute Argumente vorzubringen.

Irgendwann bist du so verwirrt und verloren, dass du nicht mehr weißt, ob du nach links oder rechts, vor- oder zurückgehen sollst. Wenn du jetzt auch noch Freunde, die Familie und vielleicht sogar Experten nach dem Weg fragst, bist du bald vollständig durcheinander. Du bleibst dann einfach mitten zwischen den Stimmen stehen und verharrst auf einem Fleck, gelähmt und komplett orientierungslos.

Bist du im Raum der Verwirrung verloren, wirst du dich nicht mehr entscheiden können und hast keine Ahnung, was du als Nächstes tun solltest. Deine Kontrolle ist völlig weg. Du bist aus dem Kontroll-Raum rausgefallen und irrst jetzt in diesem Labyrinth herum. Deine größte Angst ist, eine Entscheidung zu treffen, die du am Ende bereuen könntest. Dann würdest du möglicherweise im Schuld-Raum landen (»Ich habe einen Fehler gemacht.«), im Minderwert-Raum (»Jetzt werde ich nicht mehr gemocht.«) oder im Raum der Ohnmacht (»Ich bin hilflos und der Situation ausgeliefert.«). Wegen deiner Ängste fehlt dir jede Klarheit über den nächsten Schritt. Du durchdenkst alles immer neu und kommst doch zu keinem Entschluss. Es ist wie in der Geschichte vom Esel, der zwischen zwei Heuhaufen verhungert, weil er sich nicht entscheiden kann, welchen er fressen soll.

Der Verstand lässt ständig neue Zweifel in deinen Kopf rieseln.

Hülya, die wir schon aus dem Raum der Bedürftigkeit kennen, hat bei alltäglichen Dingen keine Schwierigkeiten sich zu entscheiden. Doch wenn sie bei einer Sache, die ihr wichtig ist, zu viele Optionen hat, rutscht sie in die Verwirrung. Nach einer langen Zeit als Single hat sie sich neulich bei einer Partnerbörse angemeldet – und dann wurde es verwirrend:

> Nachdem sich ewig nichts getan hat, habe ich nun auf einen Schlag drei Männer kennengelernt. Und die sind alle auf ihre Art sehr besonders. Ich kann mich überhaupt nicht entscheiden. Ich gehe mit dem einen aus und telefoniere mit dem anderen. Es gibt sogar vier, aber mit dem vierten maile ich nur, weil der grad im Urlaub ist. Ich weiß gar nicht, wonach ich schauen soll – wie ich mich entscheiden soll oder ob ich sage: Eigentlich ist es allein auch sehr schön. Das ist eine totale Überforderung, und ich fühle mich wie vernebelt. Da rotieren ganz viele Gedanken. Ich überlege dann sogar, was andere von meiner Entscheidung halten würden, und mein Kopf wird dann immer voller und wirrer. Die Angst ist, dass ich bald wieder allein bin, wenn ich die falsche Entscheidung treffe – enttäuscht und allein. Wenn es so verwirrend und kompliziert ist, dann denke ich: Am besten lass ich einfach alles. Ich komme zu dem Punkt, wo ich gar nichts entscheide.

Im Raum der Verwirrung wirst du wahrscheinlich sehr umfassend und detailliert mit den unterschiedlichsten Personen deine Probleme diskutieren. Wenn du dich dann – nach vielem Hin und

Her – zu einer Entscheidung durchgerungen hast, kann es sein, dass du sie am nächsten Tag doch wieder über den Haufen wirfst. Wegen dieser Unentschlossenheit reagiert dein Umfeld auch schon mal verständnislos und genervt auf dich. Solange du in diesem Labyrinth steckt, wirst du dich allerdings gar nicht anders verhalten können. Denn der Verstand lässt ständig neue Zweifel in deinen Kopf rieseln.

In meiner Schulklasse war zum Beispiel ein Mädchen, das während der Freistunden häufig in die Stadt ging, um zu shoppen. Sie zog eifrig von Geschäft zu Geschäft und ließ sich in jedem Laden mehrere Jeanshosen zurücklegen. Weil sie sich für keine Hose entscheiden konnte, lief sie schnell zur nächsten Telefonzelle (es gab noch keine Handys), um dann mindestens drei Freundinnen anzurufen. Aufgeregt beschrieb sie denen ausführlich alle Kleidungstücke. Doch trotz der langen und intensiven Beratungen blieb sie meistens unentschieden. Völlig verzweifelt trottete sie dann ohne Hose zurück in die Schule.

Besonders bei Entscheidungen, die du als groß empfindest, wie Partner- oder Berufswahl, hast du in diesem Zustand Angst davor, mit deinen gefassten Entschlüssen leben zu müssen. Denn dann wärst du einer Situation für einen langen Zeitraum ausgeliefert, und das könnte dich in den Raum der Ohnmacht befördern. Deswegen wirst du immer wieder neu überlegen, ob die Entscheidung auch wirklich richtig war – und die Verwirrung wächst weiter an.

Simon wechselt gerade seinen Job. Er ist bereits seit Jahren auf der Suche nach der richtigen beruflichen Perspektive:

> Obwohl ich jetzt vier Jahre einen festen Job hatte, blieb die Orientierungslosigkeit unterschwellig da. Ich überlegte mir oft etwas Neues und dachte: Das ist es jetzt! Aber es dauerte nie sehr lange, bis Zweifel kamen,

> und alles begann wieder von vorn. Es ist sehr anstrengend, um eine Orientierung zu kämpfen. Ich habe Angst davor, dass ich den falschen Weg einschlage. Auch jetzt noch, obwohl der neue Vertrag unterzeichnet ist.

Simon ist ein Beispiel dafür, dass wir im Raum der Verwirrung manchmal zwar doch Entscheidungen treffen, im Hinterkopf aber weiter zweifeln. »War es richtig? Gibt es vielleicht doch etwas Besseres?« Wir kommen nie dort an, wo wir sind, und verfehlen das Hier und Jetzt.

Helene haben wir bereits im Schuld-Raum getroffen. Sie fühlte sich schuldig, weil sie sich so selten bei einer Freundin gemeldet hatte. Ihr fällt es schwer, eine Entscheidung zu treffen, sobald andere Leute beteiligt sind:

> Ich für mich weiß, was ich will, aber ich fühle mich verwirrt, wenn jemand anders dazukommt. Ich versuche dann, für den anderen mitzudenken, weil ich es richtig machen will. Je mehr Menschen beteiligt sind, umso schwerer fällt es mir. Ich verliere mich in den anderen und sage nicht mehr klar, was ich möchte. Eigentlich weiß ich es dann ja selbst nicht mehr. Wenn zwei Personen unterschiedlicher Meinung sind und die Entscheidung von mir abhängt, dann habe ich Angst, dass ich gleich nicht mehr gemocht werde. Ich will, dass alle glücklich sind, und fühle mich dafür verantwortlich.

Der Verwirrungszustand kann bei Helene auch Vergesslichkeit erzeugen, da sie dann oft mehrere Sachen gleichzeitig macht und mit ihren Gedanken nirgendwo richtig ist. In all dem inneren Durcheinander kommuniziert sie dann so schwammig, dass die Verwirrung noch steigt. Sie spricht keine klare Haltung aus, sondern redet verschachtelt, um es in alle Richtungen möglichst richtig zu machen. Am Ende kennt sich niemand mehr aus, und es wird für alle verirrend und anstrengend.

Du zweifelst in diesem Zustand an deiner Entscheidung, weil du dir selbst nicht vertraust. Du glaubst oftmals einer Person in deinem Umfeld mehr als deiner inneren Wahrheit. Katharina, die frühere Sportlerin aus der ehemaligen DDR, war verwirrt von der Diskrepanz zwischen dem, was sie von ihren Eltern gelernt hatte, und dem, was ihr Herz ihr sagte:

> Es war die Zerrissenheit zwischen meiner Wahrheit und dem alten Schrott. Ich war so verwirrt, dass ich nicht wusste, was ist richtig und was ist falsch. Was ist rechts und was ist links? Die einen sagen das, die anderen sagen jenes – und was will ich? Ich habe gedacht: Nur eins kann richtig sein. Es gibt eine richtige Antwort, und ich muss sie finden!

Thay sagte oft zu uns: »Ihr habt Ideen vom Glück. Aber vielleicht sind es diese Ideen vom Glück, die euch unglücklich machen!« Diese Ideen können sich über alle Lebensfelder erstrecken: Ob es die Idee ist, dass eine einmal eingegangene Ehe nicht wieder geschieden werden dürfe – auch wenn sie unglücklich ist und beide Partner sie längst nicht mehr wollen. Oder die Idee, dass es den einen richtigen Job gibt, den du finden musst. Wenn du an solchen Gedanken festhältst, dann leidest du und bist verwirrt.

Im Raum der Verwirrung kann es auch sein, dass du Dinge hinauszögerst, weil deine Angst vor den Konsequenzen zu groß ist. Bei Dimitri stehen sowohl in seiner Beziehung als auch in seinem Berufsleben Entscheidungen an. Doch er fühlt sich wie gelähmt.

> Ich bin nicht glücklich mit dem, was ich mache, habe aber Angst, mich für etwas anderes zu entscheiden, weil ich es dann nicht mehr rückgängig

machen kann. Zurzeit kreisen bei mir unentwegt die Gedanken. Ich fühle mich wie gelähmt, ich schiebe es zur Seite und ignoriere es. Ich nehme mir vor, die Entscheidung nächste Woche oder nächsten Monat zu treffen. Aber das geht jetzt schon sehr lange so.

Wie du aus dem Raum der Verwirrung herausfindest

Verwirrung entsteht, weil du den Gedanken in deinem Verstand mehr vertraust als deinem Herzen. Das Leben wird sehr simpel, wenn du alle Vorstellungen und Ideen vom Glück beiseitelässt und beginnst, auf deine innere Wahrheit zu hören. Du kannst nichts falsch machen und auch nicht schuld sein, wenn du deinem Herzen folgst. Du folgst ihm, indem du immer das tust, was sich gut anfühlt, und nicht mehr vorrangig auf das hörst, was sich gut »andenkt«!

Wie aber kommst du in Kontakt mit dem, was sich gut anfühlt? Nehmen wir an, du würdest mich besuchen und ich frage dich: »Möchtest du Tee oder Kaffee?« Wo findest du die Antwort darauf? Es ist der Ort, an dem du auch die Antwort auf alle anderen Fragen deines Lebens findest: in deinem Herzen. (Und wenn: »Tee oder Kaffee?« nicht stimmig ist für dich, dann nimm »Apfel- oder Orangensaft?«, »Spinat oder Brokkoli?«) Es ist immer die Frage nach dem, was sich *hier und jetzt* gut anfühlt.

»Tee oder Kaffee?«
Was fühlt sich gut an? Dort findest du die Antwort.
Nicht im: Was denkt sich gut an?

Nehmen wir an, du bist krank und dein Arzt empfiehlt eine OP. Was sagt dein Herz? OP oder keine OP? Vielleicht konsultierst du einen weiteren Fachmann und befragst Menschen, die von der Krankheit ebenfalls betroffen waren. Doch am Ende deiner ganzen Recherche wirst du dich an dein Herz wenden müssen, um zu schauen, was sich für dich in dem Moment richtig anfühlt: »Tee oder Kaffee?«

Vielleicht entscheidest du dich gegen eine OP, aber in einem halben Jahr fühlt es sich anders an. Dann kannst du deine Meinung wieder ändern. Du triffst immer nur im Hier und Jetzt deine Entscheidung und weißt nicht, was sich in fünf Minuten gut anfühlen wird. Das gilt auch für Entscheidungen im Job oder in Beziehungen. Sicher wirst du hier lange und ruhig abwägen, ob zum Beispiel eine Kündigung oder Trennung ansteht. Doch wenn es in dir jetzt Ja heißt und du später, wenn der Schritt vollzogen ist, daran zweifelst, dann wirst du wieder achtsam nachspüren, was als Nächstes dran ist. Du kannst die Zukunft nicht kennen, aber du kannst mit deinem Herzen gehen.

Falls du wirklich einmal nicht weißt, wie du dich entscheiden sollst, werde innerlich still und warte, bis ein Impuls kommt. Es wird sich entscheiden. Vertraue einfach darauf, dass dein höheres Selbst bereits weiß, was der richtige Weg ist. Das ist es, was Jesus Christus meint, wenn er sagt: »Nicht mein, sondern Dein Wille geschehe!«

Für Katharina kam die Erfahrung, wie es sich anfühlt, plötzlich aus ganzem Herzen entschieden zu sein, von ganz unerwarteter Seite. Sie war schwanger und hat zunächst lange gehadert, ob sie das Kind bekommen soll:

> Bei der Entscheidung, das Kind zu behalten oder abzutreiben, war die Zerrissenheit natürlich groß. Ich bin deinem Rat gefolgt, Georg, und habe

die Entscheidung geparkt und darauf vertraut, dass irgendwann ein Impuls kommt. Und die Stimme, die schon die ganze Zeit da war, die ich aber in meinem Wahnsinn nicht hören konnte, wurde auf einmal sehr laut, sodass ich sie dann gehört habe. Und plötzlich war alles klar! Es war plötzlich eine sehr einfache Entscheidung. Es hört sich vielleicht krass und radikal an, aber als ich mich entschieden hatte, dieses Wesen gehen zu lassen, war ich sogar enthusiastisch. Das Ganze war dann sogar sehr schön. Es war ein klares Ja für diese Entscheidung. Alles andere war zwar auch da: Es ist schade, Bedauern, aber ich war sicher, dass ich diesen Weg gehen muss.

Die meisten Dinge entscheiden sich von selbst. Lass nicht dein kleines Ego und den Verstand entscheiden, sondern vertraue und entspanne dich in das, was größer ist. Je mehr du lernst, innerlich still zu werden und auf die Stimme in deinem Herzen zu hören, desto weniger werden deine Ängste und Sorgen entscheiden. Du wirst wissen, was dein Körper essen möchte, wann er sich bewegen und wann er schlafen will. Du wirst dem Impuls folgen und jemanden anrufen, weil etwas in dir Lust verspürt, diese Person zu treffen, oder du wirst dich hinsetzen und ein Buch lesen, weil es sich gut anfühlt. Und genauso wirst du auch wissen, wenn es Zeit ist, eine größere Veränderung im Leben anzustoßen.

Achtung, falls du nun glaubst: »Prima, dann kann ich ab jetzt machen, was ich will!« Frage dich: Welches Ich spricht da gerade aus dir? Denn so ein Gedanke kommt möglicherweise aus deinem Raum der Gier, der Hybris oder der Bedürftigkeit. Erinnere dich: Um wirklich in Kontakt mit deinem wahren Ich zu kommen (und nicht mit deinem Ego), musst du frei sein von Angst, Ärger und Bedürftigkeit. Das ist die Voraussetzung. Erst dann kannst du wissen, was deine Wahrheit ist und was sich richtig anfühlt. Die Arbeit bleibt dir also nicht erspart: Du musst zuallererst in die innere Freiheit kommen. Und dabei helfen dir die vier Schritte der Achtsamkeit – wobei ich dir den letzten noch nicht genau erläutert hatte. Das folgt jetzt. Hier noch einmal der Überblick – du erinnerst dich?

Die vier Schritte der Achtsamkeit

1. Ins Hier und Jetzt kommen
2. Liebevoll wahrnehmen, was ist
3. Akzeptieren, was ist
4. Sich eine neue Ausrichtung geben

Der vierte Schritt der Achtsamkeit: Sich eine neue Ausrichtung geben

Bei den drei Schritten der Achtsamkeit, die du schon genauer kennst, ging es darum, erst einmal in die innere Freiheit zu gelangen: Sie dienen dazu, dich wieder flüssig oder noch besser gasförmig zu machen. Beim vierten Schritt der Achtsamkeit geht es nun um die Ausrichtung deiner Aufmerksamkeit: Wohin willst du? Was ist deine Wahrheit? Du kannst diesen Schritt aber nur dann umsetzen, wenn du frei bist – wenn du also die anderen drei Schritte gegangen bist. Deine Energie kommt erst in Bewegung und kann sich neu ausrichten, wenn du deinen Aggregatzustand verändert hast – wenn er also nicht mehr fest ist. Bist du frei von Ängsten und Sorgen, von Ärger und Wut, von Bedürftigkeit und Gier, dann wirst du wissen, wohin du dich ausrichten willst und sollst.

Wenn du dich neu ausrichtest, dann beginnst du in einer neuen Frequenz zu vibrieren. Diese Frequenz hat eine Auswirkung auf dein gesamtes System – auf deinen Körper, deine Emotionen, den Verstand und deine Energie. Du atmest jetzt eine neue Atmosphäre ein und beginnst anders zu handeln. Aber um diese neue Wirkung tatsächlich zu entfalten, muss diese neue Schwingung – so wie alles – trainiert werden. Und dieses Training braucht gerade am Anfang eine gewisse Entschiedenheit von dir. Es ist so, wie du dich vielleicht früher dazu überwinden musstest, eine Sprache und ein Musikinstrument zu lernen oder Sport zu machen, weil dies noch nicht zu deinem Gewohnheitsprogramm gehörte, auch wenn du gemerkt hast, wie gut es dir tut.

Wenn du dich zum Beispiel dafür entscheidest, nicht mehr auf der Frequenz von Bedürftigkeit und Mangel zu schwingen, sondern stattdessen im Überfluss, weil du erkennst, was *Hier und Jetzt* bereits an Fülle da ist: Dann halte dieses neue Gefühl so oft wie möglich in deinem Alltag aufrecht. Erzeuge diese neue Schwingung von Überfluss in dir und wiederhole das immer wieder. Nimm den Überfluss an Luft wahr, den du einatmest, und den Überfluss an Licht, den die Sonne abgibt. Überall ist Fülle. Auf Dauer wird diese neue Schwingung dein gesamtes Leben verändern und dir zwangsläufig neue Erfahrungen bringen. Die letztendliche Ausrichtung ist die Weite deines Bewusstseins.

Praktische Impulse

Was fühlt sich gut an?

»Kaffee oder Tee?« Wann immer du vor einer Entscheidung stehst: Geh nach deinem Gefühl und nicht nach deinem Verstand. Natürlich ist es sinnvoll, die Fakten zu prüfen und einzubeziehen, aber das weiß dein Herz auch. Es folgt einer höheren Intelligenz.

Richte dich neu aus

Finde die Qualität und Schwingung, in der du leben möchtest, und richte dich bewusst daran aus. Finde sie überall in deinem Leben – die Fülle, die Freude, die Klarheit, die Dankbarkeit, die Stille – und schwinge in diesem Empfinden.

Der Raum der Verwirrung im Überblick

Zustand	Gedanken · Glaubenssätze
In diesem Zustand herrschen Zweifel und gedanklich-emotionales Durcheinander. Oft aus Angst, eine falsche Entscheidung zu treffen, fehlt es hier an Klarheit.	• Ich weiß nicht, was ich machen soll. • Ich weiß nicht, mit wem. • Ich weiß nicht, wohin. • Irgendetwas muss doch richtig sein. • Es muss eine Wahrheit geben. • Ich könnte etwas falsch machen. • Es könnte die falsche Entscheidung sein. • Ich könnte einen Fehler machen. • Was ist richtig? • Hätte ich es mal anders gemacht!

Emotionen	Handlungsmuster	Ausweg
• Unverbunden, nervös, verzweifelt, passiv, zornig, zerrissen, orientierungslos, vernebelt, niedergeschlagen, schwerfällig, depressiv, einsam, melancholisch. • Angst vor falschen Entscheidungen, Angst in den Schuld-, Minderwert- oder Ohnmacht-Raum zu rutschen, Angst vor der Zukunft, voller Reue.	• Kann keine Entscheidungen treffen oder ändert sie immer wieder, hinterfragt alles mehrfach, große Unentschlossenheit, wägt immer neu ab, was richtig sein könnte, große Vorsicht. • Diskutiert viel, sucht Vergewisserung, sucht ständig die eine Wahrheit. • Kritisiert sich für bereits getroffene Entscheidungen, bedauert die Vergangenheit. • Vergesslichkeit.	• »Kaffee oder Tee?« Was fühlt sich richtig an und nicht: Was denkt sich richtig an. • Ausrichtung auf eine neue Qualität, die gelebt werden will.

Raum zehn
Der Raum der Ohnmacht

Zu Hause mit meinen Eltern hatte ich das andauernd. Ich habe immer gedacht, ich bin von einem anderen Stern, weil ich nicht verstanden habe, wie man so gewalttätig sein kann. Die physische Gewalt – die kam aus dem Nichts. Und ich wusste immer: Sie wird wiederkommen.

Milena, Mitte 40

Ich hatte schon so oft das Gefühl, dass ich nichts tun kann! Zum Beispiel am Ende meiner Ehe. Völlige Lähmung. Mein altes Kindheitstrauma kommt dann hoch. Das Kind, das irgendwo bei Verwandten abgeliefert wird und nichts an der Situation ändern kann.

Hülya, Anfang 50

Im Raum der Ohnmacht begreifst du die Welt nicht mehr. In deiner Verzweiflung glaubst du, dass alles sinnlos sei und dass du das Leben so nicht länger erträgst. Du fühlst dich gelähmt, abgeschnitten von dir selbst und anderen, taub, bleiern und hilflos. Das Gefühl tiefer Einsamkeit ist dein ständiger Begleiter in diesem trostlosen Raum. Die ganze Atmosphäre ist depressiv und hoffnungslos. Du bist entweder erstarrt vor Angst oder gleichgültig, dann lässt du einfach nur noch alles über dich ergehen. Möglicherweise gleitest du in eine Art Trance, um diese verheerenden Emotionen irgendwie zu überstehen, und träumst dich einfach weg. Du kannst hier eine starke Sehnsucht entwickeln, und nicht selten wirst du zu irgendeiner Droge greifen, um mit dem Leiden fertigzuwerden. Dieser Raum kann körperliche Schmerzen, Angststörungen und Depressionen bis hin zu Suizidgedanken hervorrufen. Kein anderes Zimmer fühlt sich so schmerzhaft an. Dementsprechend groß ist deine Angst vor ihm.

Wie du in den Raum der Ohnmacht hineingerätst

Wenn du den Raum der Ohnmacht betrittst, fühlst du dich den äußeren Ereignissen hilflos ausgeliefert und wirst überflutet von Gedanken und Gefühlen. Manchmal reicht es schon, Nachrichten über die politische Weltlage zu hören. Vielleicht fühlst du dich aber auch ausweglos in deinem Job oder in einer Beziehung gefangen. Doch in der Regel hattest du ein traumatisches Erlebnis, das dich in diesen Raum katapultierte. Das könnte sein:

- Der Verlust eines geliebten Menschen.
- Unfälle, starke Schmerzen, eine gravierende Krankheitsprognose.
- Ein finanzieller Zusammenbruch, Jobverlust, Obdachlosigkeit.
- Die Erfahrung von Missbrauch, Vergewaltigung, Misshandlung und Gewalt.
- Ein Krieg, Verfolgung, Folter, Flucht.

Auch wenn der seelische Schock schon eine lange Zeit her ist, kann er dennoch durch irgendetwas reaktiviert werden. In der Psychologie spricht man von einer Posttraumatischen Belastungsstörung (PTBS). Du erlebst dann – im *Hier und Jetzt* – ähnliche Emotionen wie damals, verbunden mit den entsprechenden körperlichen und psychischen Symptomen. Alte Bilder und körperliche Empfindungen können wieder auftauchen, und auch dein früher angelerntes Verhaltensmuster kann sich erneut zeigen. Es sind Trigger, wie wir sie schon bei der Inneres-Kind-Arbeit gesehen haben, die die alten Emotionen nach oben spülen.

Die PTBS kann durch alles Mögliche aktiviert werden, und oft ist dir gar nicht bewusst, dass gerade etwas Altes die Kontrolle übernimmt. Dein inneres System reagiert einfach. Vielleicht hörst du beiläufig eine Geschichte, und die traumatische Situation wird dabei erinnert. Oder dein Partner verhält sich auf eine bestimmte Art und Weise, die auf andere völlig harmlos wirkt, in dir aber einen Tsunami auslöst.

Als Peter vier Jahre alt war, musste er eine längere Phase im Krankenhaus verbringen. Bei ihm kann bereits eine trübe Wetterlage diese alte Erinnerung aktivieren, die ihn dann in den Raum der Ohnmacht führt. Oft schafft er es mittlerweile, an der Schwelle wieder umzudrehen, aber manchmal rutscht er auch tiefer in den Zustand hinein:

> Es kann sein, dass ich morgens aufwache und der Zustand ist schon da. Seit ich bewusst darauf achte, merke ich, dass er oft bei einer bestimmten Stimmung draußen ausgelöst wird – wenn es so ein Grau-in-Grau ist. Das erinnert mich an meine Kindheit, als ich im Krankenhaus war und meinem Vater zuwinkte, der auf dem Parkplatz davonfuhr. Wenn ich es nicht merke und tiefer reinrutsche, kommt die volle Ohnmacht. Dann ist da ein

> Gefühl von Resignation, eine Ausweg- und Hoffnungslosigkeit – total depressiv. Ich denke dann: »Das Leben macht keinen Sinn mehr. Es sollte besser heute vorbei sein als morgen.«

Milena wurde als Kind von ihrem Vater sehr stark misshandelt. Die Gewalterfahrungen ereigneten sich praktisch wöchentlich – insbesondere wenn Alkohol im Spiel war:

> Es hat schon angefangen, als ich ein Baby war. Meine Eltern fanden es lustig, dass ich als Baby sofort aufgehört habe zu schreien, wenn mein Vater einen Gürtel in die Hand nahm und ihn mir zeigte. Da war ich vielleicht ein Jahr alt. Als ich älter wurde, hatte ich einen Wellensittich. Wenn mein Vater auf mich einprügelte, versuchte mein Wellensittich immer, zwischen uns zu fliegen, um mich vor den Schlägen zu schützen. Das fanden meine Eltern auch lustig. Die Schlaflosigkeit heute, die kommt garantiert aus dieser Zeit. Jede Nacht, wenn meine Eltern weg waren, wusste ich: Wenn sie zurückkommen, passiert es wieder.

Milenas wiederkehrender Gedanke in dieser Zeit war: »Ich verstehe das nicht.« Sie war fassungslos angesichts der Brutalität ihrer Eltern und entwickelte ein Gefühl von Sinnlosigkeit dem Leben gegenüber. Heute kann der Zustand der Ohnmacht bei ihr vor allem in der Partnerschaft reaktiviert werden:

> Ich komme in dieselbe Hilflosigkeit und Fassungslosigkeit, wenn in engen, liebevollen Beziehungen irgendetwas passiert, was ich nicht verstehe. Wenn zum Beispiel mein Partner nicht ganz ehrlich ist. Das fühlt sich an wie ein schwerer Vertrauensbruch. Körperlich macht es sich als Taubheit bemerkbar, ich kann dann nicht mehr agieren. Es ist eine Starre, als ob ein Auto auf mich zurast und ich einfach stehen bleibe.

Hülya kennen wir schon aus dem Raum der Bedürftigkeit. Auch sie fühlt sich körperlich gelähmt, wenn sie an die Zeit erinnert wird, in der sie bei Verwandten in der Türkei zurückgelassen wurde. Sie betritt heute den Raum der Ohnmacht, wenn sie glaubt, einer Situation ausgeliefert zu sein. Dann fühlt sie sich wie ein handlungsunfähiges Kind. So war es auch in ihrem Job:

> Ich fühlte mich bei der Arbeit übergangen, nicht mehr gesehen und teilweise auch schlecht behandelt. Gleichzeitig konnte ich ja aber dort nicht weg, ich war auf diesen Job angewiesen, weil ich das Geld brauchte. Es war dieses alte Gefühl der Hilflosigkeit. Wie eine Pattsituation: Ich kann nicht gehen, und ich will nicht bleiben. Körperlich hatte ich bei diesen Gedanken einen Kloß im Hals, und es war tatsächlich so, als ob ich mich nicht mehr bewegen konnte – wie gelähmt. Ich fühlte mich als Opfer der Situation. Ich konnte schließlich nicht viel tun – die anderen, mein Chef und die Kollegen, die hätten es mir leichter machen müssen.

Wie du aus dem Raum der Ohnmacht herausfindest

Alle Räume im Ego-Haus haben letztlich eins gemeinsam: So wie in den meisten Räumen des Ego-Hauses erlebst du dich auch in diesem als Opfer. Denn du bist entweder damit beschäftigt, was dir Schreckliches passiert ist (du siehst dich dann als Opfer der Vergangenheit), oder denkst darüber nach, was dir alles Schlimmes geschehen könnte (ein Opfer der Zukunft). Das bedeutet nicht, dass du die Vergangenheit unterdrücken oder verleugnen sollst. Aber erkenne die Realität: Sie ist vorbei! Im Hier und Jetzt kannst du kein Opfer sein. Was dir widerfahren ist, ist vorüber! Es ist möglicherweise erst fünf Minuten her. Dennoch: Es liegt in der

Vergangenheit, und jetzt kannst du entscheiden, wie du weitergehst. Du kannst Verantwortung übernehmen. Du bist vielleicht nicht verantwortlich für das, was dir passiert ist; doch du bist zu 100 Prozent verantwortlich dafür, wie du *in diesem Augenblick* mit dem Gewesenen umgehst.

Der Ausweg für Hülya lag darin, dass sie aufgehört hat, sich als Opfer zu sehen. Sie wurde aktiv:

> Als mir bewusst wurde, dass ich in der Opferfalle hing, bin ich in die Handlung gegangen. Ich habe mir überlegt: Was kann ich machen? Was kann ich tun? Und dann habe ich mein Büro umgebaut, sodass ich mich wohler fühlte. Danach sind Kollegen zu mir gekommen und haben gefragt: »Seit wann bist du denn hier?« Sie haben mich das erste Mal wirklich gesehen. Und dann bekam ich eine neue Chefin und bat sie um ein Gespräch. Ich war ganz ehrlich und habe meine bisherige Aufgabe komplett zur Disposition gestellt. Ich habe ihr gesagt, dass ich bereit bin, etwas anderes zu machen, wenn sie mich hier nicht sieht. Seitdem läuft es super. Sie stärkt mir vor anderen den Rücken, und die Arbeit läuft besser. Aber das Wichtigste ist: Ich bleibe in der Firma, weil ich es entschieden habe! Ich weiß, warum ich da bin, und ich übernehme die Verantwortung dafür. Deswegen habe ich nicht mehr dieses Gefühl, nichts tun zu können.

Wir blicken oft auf die Menschen, die leiden, nachdem sie ein Trauma erlebt haben. Darüber vergessen wir, auf jene zu schauen, die auch nach schweren traumatischen Erlebnissen ein glückliches und zufriedenes Leben führen. Die Resilienzforschung untersucht genau dies. Sie fragt, warum sich manche Menschen auch durch schwerste Schicksalsschläge nicht aus der Bahn werfen lassen. Und es gibt zahllose Beispiele von Personen, die nach Erfahrungen von Krieg und Folter, nach den Todesfällen ihrer Kinder, trotz schwerer Krankheiten oder Gewalterfahrungen ihr

Leben neu ausgerichtet haben. Fast immer haben sie das traumatische Erlebnis genutzt, um daran zu wachsen und um anderen Menschen zu helfen, die ebenfalls schwierige Erfahrungen gemacht haben.

Wie du mit einem Trauma und mit schwierigen Umständen umgehst, hängt immer mit der Perspektive zusammen, die du einnimmst. Es ist deine Wahrnehmung, die darüber entscheidet, wie du ein bestimmtes Ereignis beurteilst, und du entwickelst diese Perspektive aus dem Zusammenspiel deiner zwei Kräfte: deiner Aufmerksamkeit und deines Glaubens.

Hätte mein Vater damals meine Brüder nicht entführt, würde ich heute nicht Achtsamkeit unterrichten und andere Menschen nicht dabei unterstützen, aus schwierigen Zuständen auszusteigen. Am Ende des Tages kannst du nicht wissen, ob das, was du heute als problematisch erlebst, nicht etwas Positives in dein Leben bringen wird. Und wenn es dich nur lehrt, liebevoller und mitfühlender mit dir selbst und anderen zu sein. Thich Nhat Hanh sagt deswegen: »Dein Leiden ist dein Kompost. Nutze ihn für dein Wachstum. Der Lotos wächst nicht auf Marmor. Er wächst im Dreck.«[12]

Wenn du, wie Hülya, Verantwortung für das Hier und Jetzt übernimmst, dann kommst du in Bewegung. Du bist dann nämlich nicht mehr eingefroren in deiner Vergangenheit oder panisch davor, was die Zukunft bringt. Raus aus der Starre zu kommen, das war auch für Milena der Weg, um den Raum der Ohnmacht zu verlassen:

> Ich atme bewusst ein und aus und bewege meinen Körper. Das hilft mir, wie ich heute weiß. Bei mir ist es extrem physisch. Ich muss raus aus dem Umfeld und zum Beispiel in die Sauna gehen. Auch der innere Beobachter ist wichtig. Ich halte mit ihm Abstand zu dem Ohnmachts-Raum und

nehme ihn nur noch wahr. Außerdem hilft es mir, mich an Freunde zu wenden und mit ihnen zu sprechen. Ich mache Kontakt – das ist ja auch eine Art Bewegung. Das konnte ich früher nicht.

Und auch Peter hat mit der Zeit gelernt, seine Aufmerksamkeit zu lenken und zu leiten. Dadurch haben die alten Gedanken keine Kraft mehr über ihn. Wenn bei ihm der Gedanke auftaucht, allein und verlassen zu sein, dann weiß er, dass er praktizieren muss. Und er weiß heute auch, dass er nicht sein Gedanke ist. Und dass er jeden Moment neu entscheiden kann, wohin er seine Aufmerksamkeit richtet.

Wenn du die Wahrheit siehst, dass du in diesem Augenblick kein Opfer sein kannst, dann wirst du auch die Freiheit erkennen, die immer möglich ist. Freiheit, Glück und Frieden sind immer da, aber sie werden keinerlei Effekt auf dich haben, solange du sie nicht sehen kannst. Dies ist das Wunder des Bewusstseins: Alles ist schon da, aber erst, wenn du es erkennst, steht es dir zur Verfügung.

Praktische Impulse

Nutze dein Leiden als Kompost.

- Akzeptiere die Vergangenheit, wie sie ist, und lass sie los. Wenn es Menschen gibt, denen du noch nicht verzeihen kannst, dann mache eine Liste von deinen Urteilen und hinterfrage sie mit The Work (siehe Hybris-Raum).
- Erkenne, wenn die Vergangenheit wieder durch irgendetwas getriggert wird. Mach dir bewusst: Das, was du erlebst, hat nichts mit dem Hier und Jetzt zu tun.
- Beginne, Verantwortung für dein Leben im Hier und Jetzt zu übernehmen und dich zu bewegen. Wenn möglich,

mach Sport oder Yoga. Vielleicht ist es aber auch nur ein Spaziergang oder der Gang zum Bäcker, den du heute schaffst. So gut es geht, bring deine Energie in Fluss.

- Vertraue ins Leben. Du weißt nicht, was das aktuelle Erlebnis später für Früchte tragen wird.
- Lachen ist Nahrung. Sobald du über eine Situation und vor allem über dich lachen kannst, bist du in keinem Ego-Raum mehr gefangen. Mach Lachyoga oder schaue dir Filme an, über die du lachen kannst.

Der Raum der Ohnmacht im Überblick

Zustand	**Gedanken · Glaubenssätze**
Im Raum der Ohnmacht herrscht ein Gefühl von Hilflosigkeit und Verzweiflung. Wer sich dort befindet, ist wie gelähmt von Ereignissen, Anforderungen oder Emotionen. Er empfindet alles als sinnlos.	• Das ist zu viel. • Ich ertrage es nicht. • Es ist alles sinnlos. • Das Leben hat keinen Sinn. • Ich kann nichts tun. • Ich kann nicht mehr. • Ich will nicht mehr.

Emotionen	Handlungsmuster	Ausweg
• Einsam, abgeschnitten, depressiv, gelähmt, hoffnungslos, schwermütig, verzweifelt, melancholisch, bleiern, taub, hilflos, fassungslos. • Ein Gefühl, als wäre man den Umständen oder anderen Personen ausgeliefert.	• Erstarrung. • Man gibt auf und lässt geschehen, handlungsunfähig, gleichgültig. • Man trauert, folgt innerlich einer Sehnsucht, träumt sich weg, geht in Trance. • Drogenkonsum, Suizidgedanken. • Verwandt mit der Posttraumatischen Belastungsstörung.	• Akzeptieren der Vergangenheit, wie sie ist. • Erkennen, wenn die Vergangenheit wieder durch irgendetwas getriggert wird. • Verantwortung für das Leben im Hier und Jetzt übernehmen. • Bewegung, aktiv werden, gestalten. • Vertrauen ins Leben entwickeln. Wir wissen nie, was die aktuellen Erlebnisse später für Früchte tragen werden. • Lachen. Sobald wir über eine Situation und vor allem über uns selbst lachen können, sind wir in keinem Ego-Raum mehr gefangen.

Du bist nicht, was du denkst

Ich denke, also bin ich.

René Descartes

Ich denke, also bin ich nicht.

Thich Nhat Hanh[13]

Du hast eine ausgedehnte Führung durch das Ego-Haus hinter dir. Vom Kontroll-Raum über den Schuld-Raum und den der Hybris bis hin zum Raum der Ohnmacht bist du wahrscheinlich in jedem dieser Zimmer auch in deinem Leben schon mal gewesen. Dein Verstand hat Gedanken produziert, die du geglaubt hast, und deine Aufmerksamkeit ist ihnen gefolgt. So bist du ahnungslos in eine der zehn Fallen hineingestolpert. Einmal dort drinnen wurde dein Bewusstsein von der Atmosphäre und den Schwingungen des Raumes in Trance versetzt. Du warst hypnotisiert von Gedanken, die zu dem jeweiligen Zustand gehören. Du fühltest dich dann minderwertig, bedürftig, größenwahnsinnig, schuldig oder was dem Raum eben entspricht. Diese Emotionen zwangen dich zu einem bestimmten Verhalten. Also hast du zum

Beispiel vor Wut andere Menschen attackiert oder dich schuldbewusst zurückgezogen.

Irgendwann ist es dir gelungen, wieder aus der Trance zu erwachen, und deine Aufmerksamkeit hat den Raum verlassen. Endlich draußen waren plötzlich die starken Emotionen und Körperempfindungen, die du als so real erlebt hattest, verschwunden. Deine Perspektive, von der du im Raum regelrecht besessen warst, hatte sich in Luft aufgelöst.

Mittlerweile weißt du: Du kannst nur dann aus der Trance erwachen, wenn du einen gewissen Abstand zu dem Ego-Zustand herstellst. Zumindest ein Teil deiner Aufmerksamkeit muss das Zimmer verlassen. Solange du hauptsächlich in einem der Räume bist, atmest du seine Atmosphäre ein und stehst unter Hypnose. In dem Moment, wo deine Aufmerksamkeit beginnt, sich von dem Zustand zu distanzieren, erwachst du aus dem Alptraum. Du bist dann nicht mehr ausschließlich die Hauptfigur in deinem Film, sondern gleichzeitig ein Zuschauer im Kinosaal. Du beobachtest auf der Leinwand dich und die Geschichte, anstatt komplett von ihr absorbiert zu werden. Je mehr Abstand deine Aufmerksamkeit zu den Ego-Räumen hat, desto weniger atmest du ihren Smog ein und umso mehr Freiheit wirst du erlangen.

Abstand erzeugen heißt, dass du dich neben dich stellst. »Ich stelle mich neben mich« ist tatsächlich ein gängiger Ausdruck, wenn du Achtsamkeit übst oder eine therapeutische Methode anwendest. Es ist der zweite Schritt der Achtsamkeit, den du hier praktizierst: *Liebevoll wahrnehmen, was ist.* Du wirst Zeuge, anstatt Täter oder Opfer zu sein. Wirklichen Abstand hast du nur dann, wenn deine Aufmerksamkeit oder dein innerer Zeuge zumindest zum Teil frei und gleichmütig ist. Gleichmütig heißt dabei nicht gleichgültig – sei vorsichtig, falls dein Verstand zynisch werden sollte. Gleichmut ist immer gelassen, neutral, bedächtig, eben achtsam. Falls du wahrnimmst, dass du im Zeugenstand nicht unvoreingenommen und frei bist, musst du zu diesem Zeugen ebenso Distanz schaffen. Es ist dann offenbar noch nicht der stille Beobachter, den du suchst.

Wenn du also sagst: »Ich stelle mich neben mich«, dann hast du es zwangsläufig mit zwei Ich zu tun. Da ist ein Ich, das außerhalb des Hauses steht und beobachtet (dein Zeuge), während das andere Ich identifiziert im Ego-Raum sitzt. Nun stellt sich die Frage: Welches dieser beiden Ich ist wahrhaftiger? Welches Ich bist wirklich du? Jenes Ich, das zuschaut, oder das andere, das in Trance ist und in dem Film mitspielt? Vielleicht sind aber auch beide Ich-Versionen wahrhaftig oder keine davon? Falls du an dieser Stelle beginnst durcheinanderzukommen, erlaube deinem Verstand nicht, dich in den Raum der Verwirrung zu ziehen. Bleib präsent, versuche zu folgen und lies eventuell die letzten Absätze noch einmal.

»Wer bin ich?«

Als du auf die Welt kamst, warst du ein Wesen aus purem Bewusstsein. Du warst reines pulsierendes Leben. Du hattest noch keine eingeschränkte Perspektive und warst mit nichts identifiziert. Unschuldig und frei. Da waren noch keine Gedanken und Urteile über dich, über jemanden oder über irgendetwas. Dieses unschuldige, reine Bewusstsein kannte noch keinen Namen, kein Geschlecht, keine Religion, sexuelle Orientierung, Hautfarbe oder Nationalität. Es war eins mit dem Universum – es war im Paradies.

Ab deiner körperlichen Geburt vermehrten sich jedoch die Stimmen von außen, und sie flüsterten dir einen Namen zu.

Zuerst wusstest du nichts damit anzufangen, aber sie wiederholten den Namen immer und immer wieder. Die Stimmen wollten dich trainieren, eine eigenständige Person zu werden. Angeleitet von diesen Stimmen begann das Wesen, das in Verbundenheit mit dem Universum lebte, sich aus der Einheit herauszuschälen und sich nach und nach zu einem Individuum zu entwickeln. Es glaubte bestimmte Ideen und Vorstellungen über sich und über die Welt. Der Traum begann: Es akzeptierte einen Namen und ein Geschlecht; es identifizierte sich mit Gedanken und Emotionen: Eine Persona war entstanden (im Griechischen bedeutet das Wort »Maske«). Diese Persona ist dein Ego.

Während der frühen Kindheit sind die meisten Menschen in einem noch relativ stillen inneren Zustand. Denn Verstand und Ego benötigen ein paar Jahre, um sich in den Köpfen der Kinder voll auszubilden. Aber ab einem bestimmten Zeitpunkt haben sie sich so weit entfaltet, dass die Gedanken- und Sorgenschleifen Fahrt aufnehmen. Ich erinnere mich daran, dass ich in den ersten beiden Jahren der Grundschule noch Tauben gurren hörte und mit dem Himmel, den Wolken und Bäumen verschmelzen konnte. Als aber die Gedanken immer lauter wurden, hörte ich jahrelang keine Vögel mehr, sondern nur noch die Sorgen und Ängste in meinem Kopf. Mein Ego hatte die Kontrolle übernommen. Ich hatte das Paradies verlassen.

> Du warst im Paradies, bevor der Verstand dafür sorgte, dass du rausfliegst.

Die Herausbildung deines Ego war wie eine zweite Geburt. Dehnte sich vorher deine Aufmerksamkeit frei in der unendlichen Weite aus, konzentrierte sie sich von nun an auf einen winzigen Punkt. Dein Bewusstsein zog sich zusammen und glaubte ab dem Zeitpunkt: »Ich bin der und der/die und die. Ich bin diese Persona.« Wenn du in deinem Alltag heute »Ich« sagst, dann wirst du in der Regel aus der Perspektive dieser Persona sprechen. Vorher warst du das Universum, und heute wohnst du irgendwo in einer klaustrophobischen Hütte. Zumindest lässt dich das Ego dies glauben. Denn die Weite ist nach wie vor da. Aber deine Aufmerksamkeit wird in Geiselhaft gehalten. Es ist wie ein Traum, den du zu einhundert Prozent glaubst – und erst, wenn du erwachst, merkst du, dass er nicht wahr ist.

Die Weisen und Erleuchteten erzählen uns seit jeher, dass das Leben ein Traum ist. All deine Ego-Identifikationen sind Träume, sie sind nicht real, weil sie – wie deine nächtlichen Träume – vom Verstand konstruiert werden. Denn jede Perspektive und alles, was du über dich oder die Welt glaubst, kann sich jederzeit ändern: Dein Name, dein Beruf, deine Meinungen und sogar dein Geschlecht sind Kostüme, die du für eine Zeit anziehst. Du bist aber nicht diese Verkleidung, sondern viel, viel mehr als das!

Du wirst aus diesem Traum der Ego-Identifikationen nur dann erwachen, wenn du siehst, wer du wirklich bist. Diese Erkenntnis kannst du aber nicht mit deinem Intellekt bewerkstelligen. Im Gegenteil: Um es zu erfassen, musst du zuerst an deinem Verstand vorbeikommen – und für die meisten Menschen ist genau dies das große Problem. Der Verstand will nämlich, dass du identifiziert bleibst. Er möchte, dass du glaubst, du seist dieser Körper, deine Emotionen und Gedanken. Denn nur so wird die Persona aufrechterhalten – nur dadurch bleibt das konstruierte Ego am Leben.

Wie einbetoniert unsere verstandeszentrierte Weltsicht ist, zeigt sich durch die berühmte Aussage des Philosophen René Descartes: »Ich denke, also bin ich.« Sie verdeutlicht, wie viel Macht die Menschheit dem Verstand gegeben hat. Descartes akzeptierte keine andere Selbstwahrnehmung als die durch den Verstand und somit durch das Ego. Aber der Preis für die totale Hingabe an den Verstand ist hoch. Aus einem Instrument wurde nämlich ein geistiger Führer. Thich Nhat Hanh hat in seinen Vorträgen Descartes Aussage oft umgedreht. So wurde aus: »Ich denke, also bin ich« ein »Ich denke, also bin ich nicht«. Denn solange wir nicht in der Lage sind, einen Abstand zum Verstand herzustellen, bleiben wir eine Geisel seiner Illusionen und können nicht sehen, wer wir wirklich sind. Du musst den Verstand wie ein Kleinkind an die Hand nehmen und ihm zeigen, dass du nicht die Zustände bist, in die er dich ständig hineinziehen will. Du musst ihm zeigen, wer du wirklich bist.

Seit Jahrtausenden verführt uns der Verstand dazu, unsere Aufmerksamkeit auf irgendwelche Objekte zu konzentrieren, die vermeintlich wichtig sind. Objekte, die dein Wahrnehmungsfeld betreten, sind nicht nur Personen oder Dinge im Außen, sondern vor allem auch deine Gedanken, Emotionen und Körperempfindungen. In der Regel bist du vollkommen fixiert auf diese Reisenden, die durch dein Wahrnehmungsfeld ziehen. Du folgst den Vorschlägen des Verstandes, springst gehorsam von einem Objekt zum nächsten und verlierst dich dadurch in den Räumen des Ego-Hauses.

Wir glauben in der Regel, dass wir ein Konglomerat aus diesen Objekten sind. Wenn du aber genau hinschaust, wirst du wahrnehmen, dass sich all deine inneren und äußeren Zustände – deine Emotionen, deine Gedanken und auch dein Körper – ständig verändern. Alles kommt und geht. Du kannst aber nicht das sein, was kommt und geht. Denn du bist ja ständig da.

Bist du deine Emotionen?

Was hast du gestern um diese Uhrzeit gefühlt? Wahrscheinlich kannst du dich nicht einmal mehr daran erinnern. Zu dem Zeitpunkt allerdings waren die Emotionen für dich real und eventuell sogar sehr bedeutsam. Du hattest in der Vergangenheit Emotionen, die du heute nicht mehr nachvollziehen kannst. Möglicherweise warst du vor Jahren unglaublich verliebt in eine Person, mit der du jetzt kein Wort mehr wechseln möchtest. Alle deine Emotionen kommen, sind eine Zeit lang da und gehen wieder. Du kannst also nicht deine Emotionen sein. Denn du bist ja immer noch hier. Wärst du die Emotionen, hättest du dich bereits mit ihnen gemeinsam verabschiedet.

Bist du dein Körper?

Als du geboren wurdest, hattest du einen völlig anderen Körper als heute. Nichts davon ist mehr da. Nach etwa sieben Jahren haben sich deine Zellen rundum erneuert – und das tun sie bis heute. Du könntest sogar große Teile des Körpers auswechseln oder dein Geschlecht ändern, dennoch wärst du immer noch hier. Dein Körper verändert sich ständig. Also kannst du auch nicht dein Körper sein!

Bist du deine Gedanken?

Dein Verstand bombardiert dich die meiste Zeit des Tages – und oft genug auch nachts – mit Gedanken, Ideen und Konzepten. Auch sie kommen und gehen. Vielleicht warst du vor einigen Jahren überzeugter Anhänger einer politischen Richtung, und heute bist du schärfster Gegner genau dieser Idee. Du kannst also auch nicht deine Gedanken und Konzepte sein. Sogar wenn du eine Demenzerkrankung bekommen würdest und dich nicht mal mehr an deinen Namen erinnern könntest, wärest du immer noch du.

Dein wahres Selbst

Kommen wir also zurück zu unserer Ausgangsfrage: »Ich stelle mich neben mich. – Welches Ich ist real?« Das Ich in dem Ego-Raum, das sich identifiziert und träumt, oder der Zeuge, der außerhalb des Zustandes steht und beobachtet?

Von Buddha bis Thich Nhat Hanh, von Ramana Maharshi bis Eckhart Tolle fordern uns spirituelle Lehrer seit Jahrtausenden auf, genau diese Frage zu untersuchen: »Wer bin ich?« Es ist die Frage aller Fragen und: Es ist eine ständige Meditationsübung. Die Erforschung dieser Wahrheit ist keine gedankliche Fingerübung, sondern eine spirituelle Selbsterfahrung im *Hier und Jetzt.*

> Bringst du die Aufmerksamkeit zu deinem wahren Selbst, schaut das Universum aus dir heraus.

Thich Nhat Hanh hat nie »ich« gesagt, wenn er über sich selbst gesprochen hat, sondern immer nur in der dritten Person von sich geredet. Wir konnten ihn zum Beispiel sagen hören: »Thay möchte einen Tee trinken« oder »Thay hat heute Morgen eine Gehmeditation gemacht«. Und erinnere dich an die Geschichte, wie Eckhart Tolle erwacht ist: Sein Erleuchtungserlebnis passierte in dem Moment, als er sich (sinngemäß) die Frage stellte:

»Wer ist das Ich, das mit mir nicht mehr leben kann?« Was du bei diesen Meistern des Bewusstseins sehen kannst: Sie betrachten die Persona, die wir »Ich« nennen, aus einem Abstand heraus, weil sie verstanden haben, dass sie nicht ihr Ego sind und demnach kein Objekt.

Wenn du also kein Objekt bist, das kommt und geht, dann musst du die Aufmerksamkeit zu dem bringen, was die ganze Zeit beobachtet – zu der Quelle der Wahrnehmung, zum Zeugen. Meditierst du über die Frage: »Wer bin ich?«, dann willst du wissen, ob du gerade aus deinem Ego heraus wahrnimmst oder ob deine Aufmerksamkeit bei deinem wahren Selbst ist – beim reinen Bewusstsein.

Dein wahres Selbst ist zwangsläufig die ganze Zeit anwesend. Du musst nur die Blickrichtung ändern, um es zu erkennen. Dies tust du, indem du innerlich in die Weite gehst und die Aufmerksamkeit auf das lenkst, was beobachtet, anstatt auf das zu starren, was beobachtet wird. Du schaust dann auf kein Objekt mehr, sondern auf das ultimative Subjekt – auf dein Wahrnehmungsfeld selbst. Halte die Aufmerksamkeit bei dem, der schaut. Lass dich nicht reinziehen in die Dinge, die angeschaut werden.

Wenn es dir in deinem Alltag gut geht und du Freude und Glück empfindest, dann hast du die Räume des Ego-Hauses verlassen und den Garten betreten. Dies ist der Bereich, den die meisten Menschen suchen. Doch Meister des Bewusstseins gehen noch einen Schritt weiter und lassen auch diesen Garten hinter sich, um wahre Freiheit zu erleben. Du befindest dich dann nicht mehr im Einzugsbereich des Ego, sondern bist verbunden mit deinem höchsten Selbst.

Nicht das Objekt deiner Wahrnehmung ist wichtig, sondern die Wahrnehmung ist das Wesentliche.

Ich lade dich ein, den restlichen Text wie eine geführte Meditation zu lesen. Dafür solltest du zwischendurch die Augen immer wieder mal schließen oder einen Satz wiederholen, bis du ihn wirklich aufgenommen hast:

Nimm das Tempo heraus. Folge deiner Atmung, um dich wirklich im Hier und Jetzt zu etablieren. Strenge dich nicht an dabei – bleib entspannt.

Stell jetzt dein inneres Beobachten auf den Panoramablick ein: Du erlaubst deiner Aufmerksamkeit, weit zu werden. Sei dir deines gesamten Wahrnehmungsfeldes bewusst. Du kannst alles sehen, fühlen, spüren, was dein Wahrnehmungsfeld betritt. Dennoch folgst du keinem Objekt, das vorbeikommt. Du nimmst Gedanken, Emotionen oder Körperempfindungen wahr, die auftauchen, aber sie interessieren dich jetzt gerade nicht. Du musst die Dinge, die kommen, nicht unterdrücken oder abwehren, du schenkst ihnen einfach keine weitere Beachtung. Fokussiere deinen Blick nicht auf sie, sondern halte deine Aufmerksamkeit in der Weite. Du kannst es sogar machen, während ein Teil deiner Aufmerksamkeit weiterliest.

Es ist so, als ob du an einem sonnigen Tag auf einem belebten Platz in einem Café sitzt: Menschen laufen an dir vorbei, Vögel picken am Boden Krümel auf, Fahrräder und Autos kommen und gehen. All das nimmst du wahr, aber du zoomst mit deinem Blick nichts davon konkret heran. Für das, was du siehst, hast du weder Interesse noch Abneigung. Du hältst deine Aufmerksamkeit im Panoramamodus – in der Weite.

Selbst wenn am Nebentisch eine Konversation beginnt, die dich eigentlich interessieren würde – für diesen Moment entscheidest du, dich davon nicht fesseln zu lassen. Es braucht eine gewisse Entschlossenheit, den Stimmen und Ereignissen nicht zu folgen. Diese Entschiedenheit muss von Moment zu Moment immer neu gesetzt werden. Wenn du merkst, dass deine Aufmerksamkeit irgendwohin wandert oder beginnt, sich in irgendeinem Detail zu verzetteln, bring sie zurück in die Weite deiner Wahrnehmung. Du lernst, deine Aufmerksamkeit zu lenken und zu leiten.

Nicht die Objekte deiner Wahrnehmung sind wichtig, sondern die Wahrnehmung selbst ist das Wesentliche. Ihr gilt dein Interesse. Denn dort befindest du dich – dort ist dein wahres Selbst.

Bleib mit deiner Aufmerksamkeit in diesem Panoramamodus und erkenne, dass du das Wahrnehmungsfeld bist. Du bist diese Weite – das reine Bewusstsein. Dies ist dein Selbst.

Was kannst du darüber sagen? Es ist kein Objekt mit einer Form, das kommt und geht. Diese Weite ist leer und still. Aber sie ist nicht abgestanden und tot. Im Gegenteil: Sie ist das pure Leben.

Beobachte und erkenne: Diese Weite – dein wahres Selbst – wertet nicht und ist nicht identifiziert mit irgendetwas: Sie ist nicht männlich oder weiblich, weder jung noch alt, krank oder gesund, erfolgreich oder weniger erfolgreich. Hier herrscht auch keine Zeit. Das wahre Selbst ist ein Zustand jenseits aller Zustände. Selbst wenn Gedanken in deinem Wahrnehmungsfeld auftauchen, wird das reine Bewusstsein davon nicht berührt. Sogar bei einem starken Gedankensturm, der durchzieht, bleibt die Weite die Weite. Kein Orkan hat Auswirkungen auf sie, so wie die Unendlichkeit nicht von dem berührt werden kann, was kommt und geht. Der japanische Zen-Meister Bankei nennt das wahre Selbst »das Ungeborene«. Das Ungeborene deshalb, weil die Weite nie geboren wurde und nicht kommt und geht.

Du kannst das wahre Selbst nicht verlieren, und du kannst es auch nicht finden, weil es immer anwesend ist. Vielmehr musst du etwas lassen: Du musst aufhören zu glauben, dass du das Ego – diese inneren Zustände, Selbstbilder, Urteile und Gedanken – bist. Lerne deine Aufmerksamkeit abzuziehen von den Objekten, die kommen und gehen. Du kannst nicht das sein, was kommt und geht. Du bist das, was die ganze Zeit da ist und sieht. Von Franz von Assisi ist der Satz überliefert: »Der Ort, nach dem du immer gesucht hast, ist der Platz, von dem du bereits die ganze Zeit schaust.« Bringst du die Aufmerksamkeit hierhin, blickt das Universum aus dir heraus. Du schaust mit den Augen Buddhas und mit dem Herzen Jesu. An diesem Ort findest du »dich«. Hier ruhst du in Stille und Liebe – in Freiheit und Frieden.

Praktische Impulse

Beobachte und erkenne

Bring deine Aufmerksamkeit in die Weite. Stell deinen Blick auf Panorama ein, auch wenn du die Augen dabei vielleicht schließen möchtest. Du hast kein Leben, du bist das Leben. Du bist das reine Bewusstsein – das wahre Selbst. Übe dies immer neu und lass es in deinem Alltag lebendig werden.

Erde, Feuer und Wasser,
Der Wind und der Himmel –
Du bist nichts davon.

Wenn du frei sein willst,
Erkenne: Du bist das Selbst,
Der Zeuge von all dem,
Das Herz der Wahrnehmung.

Ashtavakra Gita

Danksagung

Ein herzliches Dankeschön an die Menschen, die ich während der letzten Jahre durch schwierige Zustände begleiten durfte, und ganz besonderen Dank an jene, die sich zu einem Interview bereiterklärt haben. Ohne euer Vertrauen wäre dieses Buch nicht entstanden.

Herzlichen Dank an Thay und die Gemeinschaft von Plum Village für das Geschenk der Achtsamkeit und die wunderbare Arbeit, die ihr leistet.

Vielen Dank für die Liebe, Freundschaft und Unterstützung an: Mama & Harald, Anne Probst, Annette Zinkant, Anton Jurina, Beata Korioth, Bernd Ziegler, Bruder Phap Lai, Bruder Phap Luu, Claudia Krüger, Christine Westermann, Dagmar Kieselbach, Daniel Haase, Eric Brinkmann, Georg Restle & Traian Danciu, Gerdi Schulte, Heidi Stein & Hans Mensink, Jan Schmitt, Jan Siewe, Judith Hennemann, Julie Panagiotopoulou & Georgios Michaloudis, Jürgen Maas, Kai Clement, Karl Grunick, Melanie Zimmer, Michalis & Yannis Lolos, Natascha & Karsten Schwanke, Pagonis Pagonakis, Peter Ewig, Petra Nagel, Sabine Toelke, Schwester Bi Nghiem, Susanne Ruprecht, Stan Verspyck, Tilke Platteel-Deur, Ute Diehl.

Und schließlich noch einen herzlichen Dank an Franziska Mohrfeldt und Diane Zilliges für die klare und sanfte Begleitung während der Entstehung dieses Buches.

Literaturhinweise

Byrom, Thomas: *The Heart of Awareness. A Translation of the Ashtavakra Gita*, Shambala, 2001.

Byron Katie: *Lieben was ist. Wie vier Fragen ihr Leben verändern können*, Arkana, 2002.

Dies.: *Eintausend Namen für Freude. Leben in Harmonie mit dem Tao*, Goldmann, 2012.

Korioth, Beata: *Goodbye Stress! Halte die Welt an, atme und finde zurück in deine Kraft*, Arkana, 2018.

Kornfield, Jack: *Frag den Buddha – und geh den Weg des Herzens. Was uns bei der spirituellen Suche unterstützt*, Kösel, 2018.

Ders.: *Das weise Herz. Die universellen Prinzipien buddhistischer Psychologie*, Arkana, 2008.

Ders., Feldmann, Christina: *Geschichten des Herzens*, Arbor, 2013.

Maharashi, Ramana: *Sei was du bist! Die wichtigsten Lehren des großen indischen Weisen*, O. W. Barth, 2010.

Mooji: *Weiter als Himmel, größer als Raum. Das Buch der inneren Befreiung*, O. W. Barth, 2018.

Plattel-Deur, Tilke: *Die Kunst der integrativen Atemtherapie. Ein Buch, um das Leben von Therapeuten zu erleichtern und ihre Klienten zu inspirieren*, Design Pavoni, 2009.

Thich Nhat Hanh: *Ich pflanze ein Lächeln*, Goldmann, 2007.

Ders.: V*ersöhnung mit dem inneren Kind. Von der heilenden Kraft der Achtsamkeit*, O. W. Barth, 2011

Tolle, Eckhart: *Jetzt! Die Kraft der Gegenwart*, J. Kamphausen, 2010.

Ders: *Eine neue Erde. Bewusstseinssprung anstelle von Selbstzerstörung*, Arkana, 2015.

Waddell, Norman (Hg.): *Die Zen-Lehre vom Ungeborenen. Leben und Lehre des großen japanischen Zen-Meisters Bankei Eitaku (1622–1693)*, O. W. Barth, 1988.

Anmerkungen

1 Interview in englischer Sprache von 1959, 29:34, unter: https://www.youtube.com/watch?v=2AMu-G51yTY [Stand: 04.09.2018].

2 Mth. 18.3.

3 Worte von Thay, die ich in Plum Village oft gehört habe.

4 BBC Parkinson 1998, 17:24, unter: https://www.youtube.com/watch?v=tCWJI4O72dM [Stand: 04.09.2018].

5 BBC Documentary, 08:26, unter: https://www.youtube.com/watch?v=TjpkutFYCMk [Stand: 05.09.2018].

6 Vgl. Eckhart Tolle: Jetzt. Die Kraft der Gegenwart, Kapitel »Zur Entstehung dieses Buches«, J. Kamphausen 2010.

7 Unter www.thework.com/deutsch findest du weitere Informationen [Stand: 03.01.2019].

8 Thich Nhat Hanh: Innerer Frieden, äußerer Frieden, Kapitel 5, Theseus 1987.

9 Vgl. z. B. »Wir müssen beginnen, die Krim zurück zu Russland zu holen«, 09.03.2015, unter: https://www.sueddeutsche.de/politik/putin-zur-krim-annexion-wir-muessen-beginnen-die-krim-zurueck-zu-russland-zu-holen-1.2384310 [Stand: 03.01.2019].

10 Vgl. unter: https://www.washingtonpost.com/politics/2018/09/04/president-trump-has-made-false-or-misleading-claims-days/?utm_term=.76d719a30ff1 [Stand: 03.01.2019].

11 Vgl. z. B. Hans Leyendecker: George W. Bushs größter Fehler, 17.05.2010, unter: https://www.sueddeutsche.de/politik/massenvernichtungswaffen-george-w-bushs-groesster-fehler-1.381428 [Stand: 03.01.2019].

12 Worte von Thay, die ich in Plum Village oft gehört habe.

13 Worte von Thay, die ich in Plum Village oft gehört habe.